天津质量奖：
标准与案例

天津市市场和质量监督管理委员会 编著

天津社会科学院出版社

图书在版编目（ＣＩＰ）数据

天津质量奖：标准与案例 / 天津市市场和质量监督
管理委员会编著. -- 天津 : 天津社会科学院出版社,
2018.5
ISBN 978-7-5563-0466-0

Ⅰ．①天… Ⅱ．①天… Ⅲ．①企业管理－质量管理－
奖励制度－天津 Ⅳ．①F279.277.1

中国版本图书馆 CIP 数据核字(2018)第 104978 号

天津质量奖 ：标准与案例
TIANJIN ZHILIANGJIANG BIAOZHUN YU ANLI

出版发行：天津社会科学院出版社
出 版 人：张博
地　　址：天津市南开区迎水道 7 号
邮　　编：300191
电话/传真：（022）23360165（总编室）
　　　　　　（022）23075303（发行科）
网　　址：www.tass-tj.org.cn
印　　刷：天津午阳印刷有限公司

开　　本：880×1230　毫米　　1/16
印　　张：7.5
字　　数：241 千字
版　　次：2018 年 5 月第 1 版　2018 年 5 月第 1 次印刷
定　　价：78.00 元

编委会

前　言

质量强则国家强,质量强则天津强。

现代质量管理之父约瑟夫·朱兰说:21 世纪是质量的世纪。质量,带给我们看得见的未来,说不尽的精彩。

党的十九大报告明确指出:我国经济已由高速增长阶段转向高质量发展阶段,必须坚持质量第一、效益优先,以供给侧结构性改革为主线,推动经济发展质量变革、效率变革、动力变革。

习近平同志在参加十三届全国人大一次会议审议时重申,我国经济已由高速增长阶段转向高质量发展阶段。如果思维方式还停留在过去的老套路上,不仅难有出路,还会坐失良机。第十三届全国人民代表大会上,李克强同志要求"加快制造强国建设。全面开展质量提升行动,推进与国际先进水平对标达标,弘扬工匠精神,来一场中国制造的品质革命。"

随着我国经济发展进入新常态,以往拼规模、比速度、靠人力的陈旧发展模式,难以让我国在国际化发展新征程中绽放异彩,我们必须从"速度情结""换挡焦虑"中摆脱出来,关注提质增效和创新驱动,全面提高质量才能助推我国经济发展进入质量世纪。

当前,天津市经济发展也面临着由速度规模型向质量效益型转变的重大机遇和严峻挑战。我们要以质量意识为元为纲,切实把发展模式转换到高起点绘制质量蓝图、高水平追求质量发展上,坚持质量第一,占领质量高地。

质量强则国家强。这是对我们质量人的号召,更是鞭策。放眼津沽大地,我们肩上也承担了更荣光的任务——质量强则天津强。

政府质量奖作为全国各级政府的质量激励手段,是推进质量工作的重要抓手。完善质量激励政策,持续开展政府质量奖评选表彰,能够树立质量标杆,弘扬质量先进,引导和激励更多企业重视质量,见贤思齐。

遵循这样的思路,经全国评比达标表彰工作协调小组批准,天津市设立了本市质量领域的最高奖项——天津质量奖。该奖项每两年评选一次,目前已圆满完成两届的评审工作,共评选出 15 家优秀企业,这些企业正在引导和激励更多企业追求优秀品质,持续提升业绩。在总结经验的基础上,我们出版了这本书,希望可资质量工作者借鉴。

奉守大道、不忘初心、蓝图在手,定力在胸,追求质量,精益求精,我们一直在路上。

目 录

第一章 概 述

第一节 质量奖实施的背景与意义

一、质量奖实施的背景

(一)质量管理发展历程及国际质量奖简介

1.质量管理发展的历程

20世纪20年代以来,科学技术的进步,市场经济的进一步发展,生产方式的变革,经营方式的规模化以及市场的相互竞争,促进了质量管理的发展。通过近百年的实践进一步证明,质量管理已经成为全面推进企业发展的管理科学的重要组成部分,产品质量是顾客和社会创造价值的核心。

从20世纪20年代到40年代为质量检验阶段。该阶段,生产企业一般设置检验机构,配备专职或兼职检验人员,负责产品的检验工作。在生产过程的相应环节,通过严格质量检验剔除不合格品,使转序零件及出厂的产品质量有了保证。这种单纯的依靠检验来找出废、次品的质量管理方式,虽然对产品质量起到了一定的保证作用,但是不能对生产过程起到控制和预防废、次品产生的作用。

从20世纪40年代初到50年代末为统计质量管理阶段。统计质量管理以概率论和数理统计学为理论基础,运用数理统计方法,在生产全过程的相关环节,从产品质量波动中找出规律性,采取措施消除产生波动的异常原因,使生产过程的各个环节控制在正常(稳定)的生产状态,从而起到经济地生产出符合标准要求产品的作用。

全面质量管理阶段始于20世纪60年代初。随着科学技术和管理科学的发展,出现了一些关于产品质量的新概念,如"安全性""可靠性"与"经济性"等。把产品质量问题作为系统进行分析研究,出现了依靠工人自我控制的"无缺陷运动"及质量管理QC小组活动。在管理理论方面出现并不断发展"行为科学",主张调动人的积极性,重视"人的因素",注重发挥人在企业生产和管理中的作用。

质量管理标准化新阶段始于20世纪70年代。为了适应世界各国开展质量管理的需要,国际标准化组织(ISO)于1979年建立了质量保证技术委员会,即ISO/TC 176,负责制定与发布质量管理与质量保证方面的国际标准,并于1986年首次发布,之后经历了多次修订完善。从此,质量管理工作在全世界的许多国家和地区广泛的推行和开展标准化,共同遵循国际标准化组织发布的一系列"质量管理与质量保证"方面的国际标准,使世界性的质量管理活动进入一个崭新的阶段。

2.质量管理与质量奖

随着科学技术的进步,市场经济的进一步发展,生产方式的一系列变革,质量管理从20世纪20年代开始就不断进步发展。首先仅仅是企业专职人员对产品质量的把控,但其无法对生产过程中产品的质量做出保证。之后通过辅以统计学、概率论等系统的理论指导,但多数文化素质低的人无法掌握。为了避免上述问题的发生以及满足不断提高产品质量的社会普遍要求,质量管理开始注重调动工人的积极性以及人在企业生产管理中的作用,促使质量检验和质量管理工作有了新的发展。同时世界各国政府对质量管理也愈发重视,相继出台了一系列的文件指示,明确了企业质量管理的标准,并对质量管理有了更加深入的认识。

为了鼓励企业建立健全质量管理体系,推进质量管理水平的发展。同时,表明政府层面对于质量的高度关注,加强政府管理质量的力度,世界各国相继设置了国家层面上的质量奖。例如,早在20世纪50年代,随着人们对产品质量的越来越重视,日本最早设立了质量奖——戴明奖。获得此奖项的企业,都能积极按照戴明奖的评价标准和要求,结合企业的特点、产品和用户满意程度,不断努力推进和改善企业的质量管理,使其产品质量和售后服务均得到了大幅度的提高,推进了企业的迅速发展。

3.国际质量奖简介

(1)世界最早的质量奖——戴明奖

1951年,日本科学技术联盟(JUSE)提议并设立了戴明奖。在经营结果方面,是为了通过戴明奖而改进质量,促进新产品的开发,提高生产率,增加销售和利润。在管理水平方面,是为了通过戴明奖改善部门间的沟通,提高工作质量,促进经营计划的落实,形成经营方针的沟通,改进综合管理体制。

戴明奖是非竞争性的,每一个申请的公司都有可能获奖。评审人员由日本科学技术联盟从一个小规模的学者群体和一些非营利性组织的杰出专家中挑选,他们对于质量管理有着深刻的且基本一致的理解。同时,戴明奖并不是审查管理活动一定要符合特定的基准和规范,而是对质量管理活动创新的奖励。企业应拥有具有特色的质量管理方式以及实施改进的案例,即通常被称之为"闪光点"的东西。另外戴明奖评审要考查高层领导的质量观、质量管理知识水平和质量工作热情,这有助于高层领导在企业有效推广和运用先进质量管理理念和方法。

(2)世界影响最大的质量奖——美国波多里奇国家质量奖

1987年,美国国会立法设立了波多里奇国家质量奖,以美国第26任商务部长马尔科姆·波多里奇的名字命名,由美国商务部所辖的国家标准技术研究院管理,奖项的行政事务由美国质量学会承担,旨在推动质量改进运动,提高对质量改进重要性和质量管理技术方法的意识,增强美国经济的竞争力和绩效。

波多里奇质量奖在创立之初,主要是针对制造类企业、服务类企业和小企业。每年评审一次,其中的每一类别最多颁发两个奖项(后来改为最多可有3个获奖者)。但在美国,不仅有许多企业运用波多里奇质量奖准则驱动改进,还有军队,以及大量的联邦机构、州和地方政府部门采用波多里奇质量奖模式评价他们的绩效。1998年,为提高人们的生活质量,美国将卓越绩效模式导入医疗卫生和教育领域,1999年教育和医疗健康机构正式纳入国家质量奖审评范畴,质量奖准则也扩展为3大系列:工商业、医疗卫生、教育。2006年,为了帮助包括政府、公共和私有非营利组织(如各级政府机构、行业协会、慈善机构、专业协会、社会服务中介等)追求卓越,美国实行非营利组织的评审,2007年将非营利组织正式纳入评奖范围,工商业卓越绩效准则也改为"工商业及非营利组织"准则。

(3)欧洲质量奖

1991年10月,欧洲质量管理基金会(EFQM)联合欧洲委员会和欧洲质量组织宣布设立欧洲质量奖(现在成为欧洲卓越奖)。一是为了激励和帮助欧洲的企业,改进它们的经营活动,并最终达到顾客满意、雇员满意,达到社会效益和企业效益的卓越化;二是为了支持欧洲企业的管理人员加速实施全面质量管理这一在全球市场竞争中获得优势的决定性因素的进程。

2000年,EFQM再次重申了他们对授予欧洲质量奖的立场和观点。现在,他们把目标集中于提高欧洲企业在世界一体化市场上的竞争力,并加大力量推进欧洲企业的卓越化进程和可持续性发展。由于EOQ(欧洲质量组织)的帮助和其他成员的榜样,欧洲企业已经逐渐接受了"全面质量管理"这样一种管理理念,并认为它是一种有效的、成功的管理模式,能够在全球市场竞争中获得优势。因此,全面推行欧洲质量奖能够增强企业质量保证体系的有效性、降低产品成本、提高顾客满意度,长期满足顾客、雇员等的需要,能够使企业获得显着的经济效益和社会效益,最终会导致企业获得更好的经营结果。

（二）质量奖在中国开展的情况

1. 开展的现状

自改革开放以来,随着我国政策的优化,经济政策的转型,我国的广大企业也越来越重视产品的质量问题。随后,在政府的倡导和推动下,引进和实施全面质量管理顺理成章。为了鼓励企业开展全面质量管理,提高产品质量和管理水平,1981 年国家率先设立了国家质量奖。直到 10 年之后的 1991 年,这种奖励制度因种种原因停止了。2004 年,深圳成为首个开展地方质量奖(名为市长质量奖)评审的城市。2008年 8 月 21 日,广东省人民政府办公厅印发了《广东省政府质量奖评审管理办法(试行)》,标志着广东省政府质量奖正式设立。2009 年 9 月 30 日,福建省政府第 36 次常务会议研究通过了《福建省质量奖管理办法》,2009 年 10 月,福建省人民政府印发了《福建省质量奖管理办法》。2012 年,浙江省政府发布《浙江省政府质量奖管理办法(2012 年修订)》。2013 年 12 月,首届中国质量奖颁奖仪式在北京航天城举行,国务委员王勇出席并为中国质量奖获奖组织和个人颁奖。2014 年,经北京市政府审议批准,设立北京市人民政府质量管理奖,同年,天津市政府在第 36 次常务会议上通过了《管理办法》,决定自 2014 年起设立天津质量奖。随后,河北省、甘肃省、湖南省、黑龙江省、内蒙古等相继设立地方质量奖。

2. 经历时期

(1)引入期(20 世纪 70−80 年代)

进入 20 世纪 70 年代后期,伴随着改革开放的脚步,我国坚持以经济建设为中心,市场经济已经取代计划经济成为我国与主导地位的经济体制。为适应市场经济的发展,许多企业逐步认识到产品质量在市场经济条件下参与市场竞争所具有的重要作用,逐步研究和探讨如何确保和提高产品质量。企业开始在质量管理方面逐步学习和引进国外先进、有效的质量管理方法和成功的质量管理模式。1978 年,我国一些行业开始学习和引进全面质量管理,包括原机械工业部、原冶金部、原纺织部等诸多部委都向所在行业广泛推行。推行全面质量管理的广大企业都收到了程度不同的效果。

国际标准化组织(ISO)为了适应世界各国开展质量管理的需要,发布了质量管理系列标准,在全球很快形成了贯彻 ISO 9000 标准热潮。我国 1987 年引进并且广泛宣传贯彻 ISO 9000 标准,并进行了质量管理体系认证。全国广大企业通过贯彻 ISO 9000 标准和质量管理体系认证,不仅提高了质量管理水平,普遍保证和提高了产品质量,而且在质量管理方面与国际接轨,有利于我国广大企业进入国际市场。

(2)发展期(20 世纪 90 时代)

1993 年,我国颁布了《中华人民共和国产品质量法》,明确规定对质量管理先进和产品质量达到国际先进水平,成绩显著的单位和个人给予奖励,并逐步建立了奖励机制,恢复了国家质量奖的评选活动。在政府主要部门的支持下,国家有关学术团体开始对卓越绩效模式的研究、探索和小范围的质量奖评审试点,推动我国一些企业学习、应用卓越绩效评价模式,为我国正式引进卓越绩效评价模式做出了准备,奠定了坚实基础。

(3)完善期(21 世纪始)

为了适应经济全球化和国际竞争的需要,激励和引导我国广大企业追求卓越绩效、增强竞争力,有效提高我国产品质量、工业质量、服务质量以及质量管理水平,2004 年,我国制定和发布了 GB/T 19580−2004《卓越绩效评价准则》和 GB/Z 19579−2004《卓越绩效评价准则实施指南》两项国家标准。这套国家标准的制定与发布,标志着我国质量管理水平的新发展,对我国广大企业质量管理工作提出了不断发展、追求卓越的新要求。

（三）天津质量奖实施的背景与开展情况

1. 实施的背景

对质量方面取得的进步予以奖励,是国际上通行做法。在政府层面设立质量奖励机制,目的是鼓励组织建立健全质量管理体系,推进全面质量管理。同时,表明政府层面对于质量的高度关注,使其成为政府管理质量的有效手段。在 2009 年,随着国家中央政府对广大企业产品质量的愈加重视,天津市政府质量部门已经着手加大对产品质量的监督和管理,同时,积极开展了一系列活动。2011 年,天津市为深入贯彻落实科学发展观,积极开展"调结构、增活力、上水平"活动,加快调整优化经济结构,不断转变经济发展方式,经济运行质量不断提高,产品实物质量稳步提升。

2013 年是中国经济转型的一年,自改革开放已有 35 个年头。中国经济多年来的高速发展所体现的能源和资源的过度消耗、环境污染日益严重等问题制约了经济的进一步深层次化可持续发展。传统的经济结构和粗放的发展方式已经导致国民经济的发展与资源消耗和环境污染之间产生了不可调和的矛盾。同时,2012 年 11 月召开的中共十八大提出了全面建成小康社会目标:要经济持续健康发展,转变经济发展方式,在发展平衡性、协调性、可持续性明显增强的基础上,实现国内生产总值和城乡居民人均收入比2010 年翻一番;人民民主不断扩大;文化软实力显著增强;人民生活水平全面提高;资源节约型、环境友好型社会建设取得重大进展。

2013 年 12 月,首届中国质量奖成功举办,代表中国政府开始从国家层面上启动了质量奖励工程。因此,为落实质量振兴纲要的需要,响应党中央号召,天津市政府在第 36 次常务会议上通过了《管理办法》,决定自 2014 年起设立天津质量奖。其主要目的:一是通过奖项设置引导组织持续追求卓越绩效,提升组织竞争力;二是引导组织关注亟待改进的关键课题,实现组织资源效益最大化;三是为社会遴选标杆组织,引导全社会组织学习和分享,共同提高。

2.开展的情况

2014 年 9 月,为贯彻落实《国务院关于印发质量发展纲要(2011—2020 年)的通知》《国务院办公厅关于印发质量工作考核办法的通知》和《天津市人民政府关于进一步加强质量工作的意见》,加强质量工作考核,落实质量安全责任,提高我市产品、工程、服务质量总体水平,建设质量强市,天津市市场监管委制定《天津市质量工作考核办法》和《天津市质量奖管理办法》,为天津市质量奖做了最终完善,为今后质量奖的实施起到了支撑作用。天津质量奖是天津市人民政府设立的最高质量荣誉奖项,授予实施卓越绩效模式,质量管理成效显著,产品、服务和工程质量自主创新能力和市场竞争力在全国行业内处于领先地位,对天津市经济社会发展做出卓越贡献的企业或组织。

自 2014 年起设立天津质量奖至今,天津质量奖评选已历经两届并均取得圆满成功,经过几年的发展,天津质量激励机制初步建立健全。

在制度的层面,市政府发布了《天津质量奖管理办法》,明确了评奖目的、评奖机构与评奖流程。2016在全国范围内率先发布《天津质量奖评审规程》地方标准,细化了评审的流程和要求。同时,初步建立了完善监督机制,在整个评选过程中,由地区人大代表和公开媒体代表组成的监督员队伍,确保了评选工作的公开透明。尤其是在材料评审与现场评审环节,每个评审组均配备观察员,对于严格评审纪律、公平公正评审起到了很好的约束作用。最后,所有评审文件均统一编码、建档归档,保持工作痕迹,严格文件管理。

在技术的层面,天津质量奖始终看齐国际优秀先进的评审标准,并坚持贯彻国家质量战略与方针。2016 年结合地区的实际情况,在全国范围内率先起草发布《天津质量奖卓越模式》地方标准。标准吸收了国际认可度较高的波多里奇奖、欧洲质量奖等评价标准,并结合三个转变,建立了系统的评价标准和客观的评价方法。这为科学公正的评审提供了坚实的理论基础。

至今,天津质量奖评选已历经两届并且均取得圆满成功。首届天津质量奖评选于 2014 年进行,共有天津钢管集团股份有限公司、天士力制药集团股份有限公司、天津海鸥表业集团有限公司、天津住宅建设发展集团有限公司、中交第一航务工程局有限公司 5 家企业获奖①。第二届天津质量奖评选于 2016 年进行,共有天津天地伟业数码科技有限公司、天津红日药业股份有限公司、天津膜天膜科技股份有限公司、

---

① 天津天地伟业数码科技有限公司、天津一商友谊股份有限公司、天津三建建筑工程有限公司、天津红日药业股份有限公司、天津铁路信号有限责任公司获提名奖。

天津三建建筑工程有限公司四家企业获奖①。天津质量奖始终坚持以贯彻中国质量奖标准为原则,并依照中国质量奖标准,在全国范围内率先起草发布地方标准。组织召开材料评审会议,在公平、公正、公开的原则下,综合考虑质量、创新、品牌、效益等各方面条件,推选出符合标准的优秀企业或组织。为引导天津市企业转型升级、增强天津地区经济综合竞争力、贯彻"质量强市"战略、推广普及先进质量管理模式、激励社会各界追求卓越做出巨大推动作用。

二、质量奖实施的意义

质量奖授予在质量、经济、社会效益等方面取得显著成就的企业,其设立有两大用途:一是评估企业绩效是否达到卓越的程度,二是引领企业走上卓越。企业不分大小,不分行业,都有资格参加质量奖的评选,有效防止了评选向大型企业倾斜的弊端,体现出公平、公正的精神。质量奖的实施有助于政府发挥引导和激励的作用,为企业指明方向;有助于企业追求卓效的绩效模式,迅速提高产品与经营的质量,增强综合竞争力;有助于在社会上营造良好的质量氛围,获取公众的信任度。质量奖的实施意义将从以下三个角度:政府、企业、社会具体阐述。

(一)政府角度

1. 推进"质量时代"

习近平总书记在中国共产党的十九大报告中指出:"我国经济已由高速增长阶段转向高质量发展阶段。"这一阶段的核心要求就是把提高供给体系质量作为主攻方向,通过提高质量和效益实现经济的良好循环和竞争力提升。过去的企业发展模式主要是靠要素投入、外需拉动、投资拉动、规模扩张的粗放式增长,只求快求多,忽略了质量效益,由此造成了产能过剩、产品库存、效率低下、员工积极性低迷、竞争力不足等问题。而随着经济全球化的不断推进,这种粗放式增长模式越来越受到制约,越来越止步不前,企业难以在国际化的大环境下立足,逐渐被淘汰灭亡。

质量奖的设立能推进经济社会发展的"质量时代"。习近平总书记指出,要推动中国速度向中国质量转变、中国产品向中国品牌转变。中国的经济要保持中高速增长,向中高端水平不断迈进,要意识到实现潜在增长率,即是比较充分的增长。要保持我国经济的健康持续发展,必须推动企业的质量变革、效率变革,提供全部要素的生产率,牢固树立质量即是生命,质量是发展效益和价值的出发点与立足点,提升地区的整体质量水平,大力实施质量兴省战略,将质量安全与质量发展作为促进天津市经济社会发展的一项重中之重任务,为企业发展目标、经营模式指明正确的方向。

2. 推进"看得见的手"激励作用

政府与市场的作用不是对立的,而是相辅相成的,市场在资源配置中起决定性作用,而并非全部作用,政府要更好地发挥区域发展规划战略的导向作用,将市场"看不见的手"与政府"看得见的手"双管齐下。

政府对质量奖的设立,彰显出政府把紧抓地区企业的质量水平摆在突出地位,引导企业向质量奖评选标准看齐,要达到标准甚至超越标准,抢占市场竞争的"制高点"。市、县政府要积极推进质量管理体制改革,在确保稳定发展的前提下加快职能部门的工作节奏、工作效率,加大政府对企业的扶持力度,在资金、财税、技术、装备引进、人员培训等方面予以重点支持。政府还要加快知名品牌的培育建设,品牌代表了一个地区、一个企业的实力与形象。政府要切实增强企业的品牌意识,加大品牌的创建与宣传力度,以企业为龙头促进资源的优化配置和产业的聚集效应,使企业形成力争"质量奖"的提名与荣获意识。政府作为质量工作的抓手,各级各部门、各个领域必须共同努力。加快工商、农业、质检、药检、卫生、消防各职能部门的监管改革,既要加强沟通、密切联系、协调合作,又要各司其职、守好质量关卡。要加大质量的安全监管力度,对有质量违法行为的企业要"零容忍"。要进行公开披露,加大企业的失信成本。

---

① 天津建工工程总承包有限公司、天津市松正电动汽车技术股份有限公司、天津立中车轮有限公司、天津中财型材有限责任公司获提名奖。

3.推进供给侧结构性改革

党的十八大以来，以习近平总书记为核心的党中央做出了推进实施供给侧结构性改革的重大举措。供给与需求是市场经济内在关系的两个基本方面，没有需求，供给无从下手；没有供给，需求无法满足。而我国当今经济发展面临的问题主要在供给侧方面，长期积累了一些结构性、体制性、素质性突出的矛盾。一些有大量购买力支撑的消费者需求，在国内得不到企业的有效供给，部分国产商品的质量远远低于国外商品质量，国人的大量资金外流，花费在"海淘"上。我国并非需求不足，而是需求变了，供给却没有改变，跟不上步伐，有效供给不足带来严重的"需求外溢"。

质量奖的实施有助于推进供给侧结构性改革，使我国供给的能力更好满足广大人民日益增长、不断升级、个性化的美好生活需求，是适应和带领经济发展新常态的重大创新，能够占据国际金融危机发生后经济大环境下的领头军地位。供给侧的管理，旨在解决结构性问题，找准在国际市场上的定位，从企业生产端入手，促进产能过剩的化解，降低企业的成本，紧抓质量关，制造优质产品与服务，增加有效供给，实现从低水准供需平衡到高水准供需平衡的大跳跃，成为激发经济增长的动力。

（二）企业角度

1.促进产品升级

产品是与消费者接触的第一手资料，通过对产品质量的认可来增强对背后企业的信任度，从而使企业在市场中有强大竞争优势，立足于市场而不败。有良心的企业才能对得起消费者，才能赢得消费者的信任。质量奖的引入，能够使企业牢固树立"质量第一"的思想理念，严格质量的监督与控制，切实把质量工作牢牢抓在手上、融入进企业的血液中去。

产品的质量是企业的生命，是品牌的基础，同时是竞争的法宝。产品起于消费者满意，终于消费者满意。抓产品的质量，不仅要从原材料抓起，从生产工艺抓起，还要从入库到出厂全方位抓起，而且产品滞销期时要抓质量，产品畅销期时同样要抓质量，不能因产品在市场上走势良好、供不应求而松懈对质量的把关。

2.提升管理水平

质量奖的创立不是目的，更不是形象工程，而是一种手段。企业在追求质量奖的过程中，能够提升管理水平，从而获得实际的经济效益。每年有多家优秀企业申报质量奖，但能够获得质量奖的企业毕竟只能是其中极其少数的佼佼者，而为达到夺得质量奖的目标，数万家企业不断进行学习、不断改进完善。

随着我国经济的发展进入新常态，企业要想保持持久旺盛的生命力，必须依靠成熟稳健的管理体系，坚持管理体系的落地。导入质量奖项目的核心是"小质量向大质量的转变"，"小质量"仅仅是产品质量的把关，而"大质量"是经营的质量，需要建立一套系统的质量管理体系，能体现出企业的经营理念、发展方向、企业精神和文化核心。

3.坚持创新驱动

中国共产党的十九大报告强调：创新是引领发展的第一动力，并提出要加快建设创新型国家。现如今，企业以创造价值为经营原则，不仅需要产品或服务的质量，更需要高效的经营质量，企业的发展离不开创新。质量奖的实施，能够促使企业坚持创新驱动发展，让"创新"成为企业战略运营的核心理念。

企业的创新体现在两个方面：一是产品质量上，二是管理模式上。在产品质量方面，创新用于研发和技术部门，科技创新是提高产品质量安全的"法宝"，企业要加大对产品质量有益的技术研发和投入力度，改变"重视制造，轻视研发；重视模仿，轻视创新"的现象。质量奖的评选不仅仅比指标、比业绩，更比特色、比理念，创新同样要体现在战略设定、人力资源、市场营销等管理模式上。

4.培养高端人才

企业发展的根基在基层，关键在干部，源泉在职工，人力资源是企业的第一资本，是最宝贵的财富。企业的高效运作需要全员参与的卓越管理模式，思想上高度统一，态度上高度严谨，流程上高度有效，行动上高度一致，各部门分工明确、协同合作。质量奖的推行是一项系统工程，它能促进企业建立学习型组织、增强团队意识与培养高端人才。质量奖的参评过程也是企业培养自有人才的一个绝佳时机,高层领导重视质量、中层领导及骨干员工广泛参与、培训老师尽心尽责的企业,其人才管理知识与做事能力会大幅提高,会涌现出一批在战略、市场、财务、流程管理方面的高端人才。

5.成为其他企业学习标杆,提高知名度

质量奖的实施,通过对付出非凡努力、在质量管理工作中卓有成效的企业给予表彰,为其他企业树立学习标杆,使广大企业做到学有榜样、赶有目标,引导和激励其学习先进的质量管理经验与方法。企业通过进行自我评价,寻找存在的差距或问题,不断改进质量,提高竞争能力,在学习和追求卓越的过程中共同进步、共同发展。

导入质量奖,既是企业展示管理特色与经营业绩的过程,也是学习、借鉴先进企业的经验与拓展质量效益的过程。同时,这对企业是极佳的宣传方式,可以大幅度提高企业的知名度,树立良好企业形象,提升其影响力与竞争力,使企业在市场上取得更大成功。

(三)社会角度

1.营造良好的质量氛围

当今世界,产品质量已经成为企业竞争力的核心要素与关键支撑,国内国际的市场竞争模式已从拼价格、拼规模逐步向拼服务、拼质量方向转变。这就要求必须突出质量的导向作用,加大产品质量与功能重的视度,加快打造一批品质优良、服务优质、技术先进、管理优越的企业,努力为消费者提供更多的信誉保证、数量丰富、质量可靠的消费产品与服务体验。

质量奖的设立,能营造良好的质量氛围,动员和引导全社会增强质量意识,积极参与推动质量发展的新事业,努力营造"政府重视质量、企业追求质量、社会崇尚质量、人人关注质量、人人享受质量"的浓郁氛围。要抓好质量知识的普及宣传,广泛开展全民的质量安全教育工作,增强消费者质量安全意识,推崇"理性消费、科学消费、绿色消费"的理念;要加强企业的质量工作,提高质量的管理水平与效率,推动质量工作的发展;要加大对质量发展的方针政策、法律法规和品牌产品、优秀企业的宣传力度;要掀起群众性质量活动的新高潮,提高我国质量的总体水平,全面建成质量强国。

2.提升公众的信任度

消费市场上产品的种类和数量极大丰富,但是一些产品和服务还不能够完全满足消费者的质量需求,特别是一部分产品还在质量上存在较大的安全隐患。然而,国外有一些妇孺皆知、交口称赞的产品,如德国的汽车、瑞士的手表、意大利的手工皮鞋、法国的葡萄酒、日本的数码产品,而我国产品只有较少部分得到全球广大消费者的认同,归其根本是质量上不够卓越,技术未能领先,无法与国际同类产品相竞争。

质量奖的实施,可以彰显出政府对质量的重视、企业对质量的追求、社会对质量的崇尚,有助于提升公众对国内企业的产品与服务的信任度。公众的信任度,是社会良性运作的重要支撑,是建立社会诚信体系的核心,是拉动国内需求的助燃剂。企业产品与经营质量上的提升可以增加公众的信任度,反过来,公众的信任与支持又可以给予企业信心,促进企业提升质量发展水平,二者是一种休戚与共、荣辱相依的过程。

第二节 质量奖标准的起源与宗旨

一、质量奖标准的起源

(一)质量奖标准起源

各国在质量奖评审中采用的标准各有不同,鉴于都是对企业的系统性评价,我们将以美国波奖为代表的卓越绩效模式这类质量奖标准统称为卓越模式。其目的都是借质量奖的设立,鼓励组织结合自身实践探索适合本土组织现状的有效方法和模式,从政府层面系统地挖掘真正的标杆组织,探索真正适合于国内组织普遍推广的最佳实践和管理模式。

在这里,我们直接引用《卓越绩效评价准则》中关于卓越模式的定义,即为组织提供管理框架和评价工具,引导组织在运营管理和实现结果的过程中,秉承核心理念,不断发现组织优势和改进机会,并持续改进。通过系统的组织绩效管理方法,追求长期经营和持续成功。

2.质量奖标准的起源

(二)代表性质量奖卓越模式的标准

1.日本戴明奖

日本戴明奖的评奖准则及其运营方式经历了大量的修订和改进。戴明奖评审过程中自我评价机制促进了每一个组织自我成长的能力,对此曾经有人批评戴明奖的评分标准不够透明、不够明确,现在为了提高评审的透明度,为了能够更好地反映戴明奖的评审目的,评价标准已经完全公开化。

戴明奖评价标准由基本要求、有特色的活动,以及高层领导作用3部分组成。

(1)基本要求

①评价项目与分数

1)质量管理的经营方针与方针的展开 20分

a.根据自身的经营理念、行业、规模、经营环境的实际需求,制定出积极满足顾客要求的经营方针与战略目标 10分

b.为了实现经营方针目标,全体员工共同努力开展各项改善活动 10分

2)开发新产品与业务改革 20分

a.积极地开发新产品(产品与服务),实施业务改革 10分

b.新产品能够满足顾客的需求,业务改革能够更好地提高业务效率 10分

3)改善产品质量和管理质量 20分

a.日常管理:经过标准化培训,日常业务中很少发生问题,各部门的主要业务稳定运行 10分

b.持续改善:通过有计划地持续改善质量,从而减少市场销售和产品工艺中的问题,或者是能够保证市场销售和产品工艺中问题维持在最低水平,提高顾客的满意度 10分

4)建立并完善质量、数量、交货、成本、安全、环境等方面的管理体系 10分

5)运用IT(信息技术)具收集分析质量信息 15分

6)人力资源开发 15分

②评价方法

基于以下4项评价核心项目进行综合评价,并按照达成的水平打分。

1)评价核心项目

a.有效性:能够有效达成预期的目标

b.一贯性:全员团结一心、共同努力

c.持续性:制定中长期计划,持续开展活动

d.彻底性:相关部门彻底地进行贯彻实施

(2)有特色的活动

是指需要重点开展包含上述基本要求在内的核心质量管理活动,要具有自身特色,并能够取得杰出的成果。参选组织至少要开展项有特色活动。例如以下活动内容:

1)突显高层领导的远见卓识、经营战略、领导力

2)创造顾客价值

3)大幅改善组织的执行力

4)确立整备的经营基础

③高层领导作用

由于在推广 TQM 活动中,高层领导会起到非常重要的作用,所以要针对领导成员对方针执行的理解和关注度,以及发表的情况,进行以下项目的评价:

1)对 TQM 的理解、关注度

2)领导力、前瞻性、战略方针,以及应对环境变化的能力

3)组织能力(保持并提高核心技术力、速度和活力)

4)人才培养

5)社会责任

2. 美国波多里奇奖

波多里奇奖由美国商务部国家标准技术局(NIST)负责管理。根据来自美国企业、大学、政府部门、咨询机构和其他组织的反馈信息,每年波多里奇奖的评价标准、申请指南和评审过程都会有修改。这种持续改进是波多里奇奖的最大优点。

波多里奇奖评价标准的设立遵循以下原则:

1)质量奖是一套全国性的质量评价体系

2)为质量奖的评审和信息交流提供基础

3)为跨组织的合作提供一个平台

4)提供一套动态的国家奖励评价制度

波多里奇奖评价标准有助于提高美国产品和服务质量的绩效标准和期望水平。在对企业关键的质量要求和运作业绩有着共同了解的基础上,波多里奇奖的评价标准能够促进企业之间以及企业内部的交流与共享,还可作为企业计划、评估、培训及其他用途的工具。

波多里奇奖评价的核心价值包括:有远见的、着眼于未来的领导人、顾客驱动的卓越绩效模式、全面的视野与管理创新、企业和员工的学习、注重雇员和合作伙伴、注重成果和创造价值、对市场的敏捷反应和社会责任。美国波多里奇 2015—2016 年的卓越绩效准则框架图如下:

图 1—1 美国波多里奇卓越绩效准则框架图

波多里奇奖的评价要素和所占比例为:领导作用 12.0%、战略计划 8.5%、以顾客和市场为中心 8.5%、信息、分析与知识 9.0%、人力资源开发 8.5%、过程管理 8.5%和经营结果 45.0%。

3.欧洲质量奖

欧洲质量奖的评价标准模式被称为：EFQM卓越模式。这一模式的魅力在于它是非规定性的,适于用任何组织,并综合考虑了很多不同的观点,从而为在组织内外有效分享知识和经验提供了一个共同的语言。

EFQM卓越模式使人们能够理解其组织所采取的行动与手段、取得结果之间的因果关系。要取得持续成功,组织需要坚强的领导和清晰的战略方向,需要发展提升其员工、合作伙伴与过程,以向顾客交付增值的产品和服务。如果合适的方法得到有效执行,组织就能实现其与相关方都期望得到的结果。EFQM卓越模式准则条款共9个类目,分为手段、结果两类,图中体现出9大类目之间的关系。

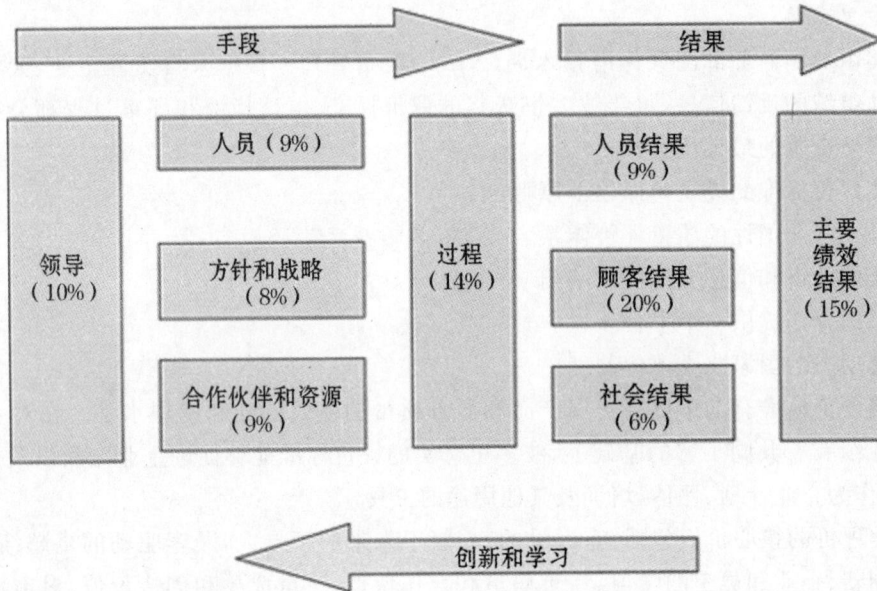

图1-2　EFQM卓越模式准则框架

该模型认为有很多方法在绩效的各个方面能实现持续卓越。该模型基于以下前提：与绩效、顾客、员工和社会相关的卓越结果通过领导推动的方针与战略实现,并通过员工、伙伴关系与资源以及过程交付。结果由"驱动因素"、组织处理其经营责任的方式以及学习与创新基础所驱动。类目大体上与波多里奇准则相同。然而员工满意、顾客满意、社会影响和业务结果这几个结果条款有差异。社会影响是指社会大众对企业的看法,以及公司在生活质量、环境和全球资源保护方面的做法。欧洲卓越奖标准对社会影响结果类目的重视要超过波多里奇奖标准对公共责任条款的重视。

与波多里奇核心价值观和概念一样,EFQM框架也是基于一套"卓越的基本概念"：

1）结果导向：卓越是实现取悦组织所有利益相关的结果。

2）关注顾客：卓越是创造可持续的顾客价值。

3）领导和坚定的目标：卓越是远见卓识、鼓舞人心的领导,并有坚定的目标。

4）基于过程和事实的管理：卓越是通过一套相互依存、相互关联的系统、过程和事实来管理组织。

5）员工发展和参与：卓越是通过员工发展和参与使其贡献最大化。

6）持续学习、创新和改进：卓越是通过学习来挑战现状、引发改变,以创造改进和创新机会。

7）建立合作伙伴关系：卓越是建立并维护增值的合作伙伴关系。

8）企业社会责任：卓越是超越组织运营所处的法规框架的最低要求,努力了解社会利益相关方的期望并做出回应。

4.天津质量奖

天津质量奖标准在初始制定时,确立了以下四项原则：

①科学性原则：具有清晰的逻辑关系,结构合理,行文准确,各项评分的分值设置适度、体现科学性

原则。

②先进性原则：天津质量奖标准在制定时充分吸收、借鉴国外的先进经验，如美国、日本、欧盟等国家和地区设立的质量奖评价标准及评价模式，既便于与国际接轨，又充分体现先进性原则。

③本土化原则：应充分考虑天津地区情况，结合天津发展的实际情况制定，并且标准要通俗易懂，便于理解。

④可操作性原则：在充分考虑具有广泛适用性的基础上，重点提高可操作性水平，以便运作实施。

结合这四项原则，最终确定了天津质量奖的评价标准体系。其评价标准和分值为：

1）驱动力 200 分

a. 领导力；b. 战略策划；c. 员工开发；d. 资源管理

2）质量管理 100 分

a. 质量策划；b. 质量改进：

3）创新管理 100 分

a. 创新决策：说明组织如何持续优化的创新机制

b. 创新需求：说明组织创新是如何源于市场驱动，如何满足客户的真实需求

c. 创新规划：说明组织如何有效管理技术规划、技术积累

d. 创新流程：说明组织的产品和技术开发过程管理体系如何保持规范

e. 创新机制：说明组织如何打破部门边界，实施跨部门合作。

4）品牌管理 100 分

a. 品牌规划；b. 品牌管理；c. 品牌维护

5）质量水平 100 分

a. 产品和服务结果：说明组织关键产品和服务绩效的结果，必要时可将结果按产品供应、顾客群、细分市场进行细分，包括适当的比较数据。

b. 过程有效性结果：说明组织关键过程有效性与效率的结果，必要时可将结果按过程类型或属性进行细分，包括适当的比较数据。

6）创新结果 100 分

a. 技术水平；b. 创新成果；c. 创新价值

7）品牌结果 100 分

a. 品牌价值；b. 顾客与市场结果；c. 品牌国际化

8）关键绩效结果 200 分

a. 财务绩效；b. 员工绩效；c. 资源利用结果；d. 社会效益

二、天津质量奖标准的宗旨

（一）成为企业管理提升的抓手

全企业、全方位、全过程是中国新时代质量管理的目标。质量管理应该融入到企业各个部门之中，贯穿于生产经营的全过程，只有企业步调一致，各部门通力配合，各个环节紧密衔接，才能把质量管理落到实处。这就要求企业从上到下在思想上得到统一。首先企业管理者的质量意识与态度直接影响到员工的意识与态度，具有一定的表率以及无声命令的作用。因此，管理者要具有强烈的质量意识，这样才能更好地动员员工重视质量意识的提高，从而协调好各方面的工作。

天津的企业管理者和全体员工将在政府组织的天津质量奖培训活动之中不断提高对天津质量奖标准的认识。天津质量奖的标准旨在推动企业管理者和全体员工能够在日常的工作之中将此作为依托，严格把握好产品和服务的质量关卡。该标准将令企业管理者了解到不应该再追求短期利益，而是要重视产品和服务的质量，形成一种长效可持续的管理体系，从而提升企业整体的管理水平。

即企业首先要从战略的高度上认识到质量对于企业发展的重要意义,持续不断地推进全面质量管理在企业的深入实施,才能不断提高企业的质量管理水平。只有企业质量意识都得到提高,才有可能使企业的竞争力不断提高。

提高和保证质量是企业质量管理的目的和归宿,企业要认真贯彻执行天津质量奖的标准,将企业自身的工作进行标准化;要提高质量意识,重视全员教育,思想决定行动,行动影响成败,将质量改进与企业经济效益挂钩,用经济效益驱动质量管理;建立完善的质量责任体系,以保证产品和服务质量的提高。

(二)形成企业经验共享的依托

当前,正值中共十九大开局之年,创新的实施天津质量奖对于助推天津新时代的发展具有重要的现实意义。首先,天津质量奖的评价标准是基于国际通行的卓越绩效评价准则以天津质量发展背景进行改进与完善的标准。

其次,标准强调大质量观念,在着眼于产品和服务质量的基础上,关注经营质量,引导企业走质量经营之路,实现从"规模经济"到"质量经济"的飞跃,实现企业增长方式的真正转变。

最后,更好地发挥天津质量奖的标杆引领作用,向全社会分享获奖组织认真履行天津质量奖标准、建立先进质量管理体系的成功经验。通过获奖组织经验的分享,希望全市各行各业都能以争创天津质量奖为动力、以质量奖标准为依托、以质量标杆为榜样,积极推进先进质量管理理念和方法,逐步迈向追求卓越的光辉征程。

天津质量奖获奖组织可以共享的经验具体应该表现在管理行为和经营结果两个方面,即:制定切实可行的发展战略并适时调整、认真落实,不断优化自身的企业文化,关注顾客与市场,逐步提升顾客满意度及忠诚度,为实现发展战略配备适用的资源,对企业的风险、社会责任、产品实现、资源提供、知识体系、绩效体系、改进体系等进行系统的过程管理,从顾客与市场、财务、资源、过程、组织治理等角度获得了比较优势的经营结果。

(三)成为企业质量管理的实践工具

天津质量奖标准的各项要求和核心价值观,体现了企业管理创新的理念方向。一个企业要导入天津质量奖标准,需要员工对企业管理经营的必要性和利益性有所认识,能达成广泛的共识,理解并履行在思想和行动上与组织保持一致的企业管理创新理念。

天津质量奖标准要求企业以产品质量和服务质量为核心,追求整个企业经营创新和质量的提升。要将质量与经营管理相结合,通过质量改进与创新来提升企业的经营绩效。

而且,企业需要通过测量、分析与改进,竞争中求生存谋发展。企业在制定发展战略时,要对竞争环境中的机会和威胁以及挑战进行分析,做到知己知彼。在评价经营绩效时,不只要看到自身企业的成绩,更要与标杆企业的成绩进行比较,可以看到自己在行业中的整体能力和水平,发现其中变化的趋势,通过对比找出与竞争对手的差距和重点的问题来进行改进和提高,以提升自己的核心竞争力。

天津质量奖标准各指标便于度量,易作横向和纵向的比较,有利于企业找出不足与差距,将企业质量管理重点目标精准定位,为企业提供一个真正可实际操作的工具。还可以用以了解和管理绩效,指导规划经营活动,创建学习型组织。

(四)作为质量奖评审的依据

标准是指依据科学技术和实践经验的综合成果,以特定的程序和形式颁发的统一规定,是为了使企业的经营活动更合理、保证与提高产品质量、实现总的质量目标而规定的做事方法和管理的具体准则。

为了全社会的利益,加强对产品和服务质量的监督管理,提高产品质量水平,是政府的责任。运用一定方法,规范产品和服务质量,是现代社会的要求。天津质量奖为此做了不懈努力,通过天津质量奖标准的不断完善以应对天津发展的实际现状。

　　天津地区的企业可以把天津质量奖作为载体,依照质量奖标准积极施行质量管理模式。让企业能够在国际公认的管理规则下运行,加快融入国际经济体系,推进国际化的进程。企业应严格按照天津质量奖标准的要求完善自身材料,申报天津质量奖,这具有很强的指导意义。

　　天津市人民政府高度重视质量工作,长期以来始终将质量视作经济社会发展的保障。天津质量奖标准蕴含着社会责任、以人为本、管理创新、持续改进等重要元素,倡导经济效益与社会效益内在相统一。通过天津质量奖的设立、天津质量激励制度的实施,以天津质量奖标准作为评审依据,引导企业运用先进质量管理理念和方法,进而带动产业乃至城市竞争力的提升。

第二章 质量奖标准理解

第一节 理论基础

保障质量的手段由检验阶段向全面质量管理阶段的发展历程中,人们对"质量"的认识是随着管理科学相关理论与实践的发展而不断完善的,质量思维由产品质量逐渐转向大质量。质量管理主要发生在"二战"以后,由日本的崛起拉开了质量时代的序幕,自此以后,现代企业管理就开始从规模管理过渡到质量管理的新时代。伴随日本企业和日本产品在全球的扩展,全面质量管理开始为世界所熟知。国内外涌现出一批卓越的管理学家,质量管理思维不断发展,管理方法趋于完善,目前世界上形成大家相对认可的管理模式之一即卓越绩效,它是全面质量管理的标准化,导入实施卓越绩效模式成为企业保障质量的最直接有效的手段。

一、质量管理思想发展历程

1875 年:泰勒制诞生——科学管理的开端。最初的质量管理——检验活动与其他职能分离,出现了专职的检验员和独立的检验部门。

1925 年:休哈特提出统计过程控制(SPC)理论——应用统计技术对生产过程进行监控,以减少对检验的依赖。

1930 年:道奇和罗明提出统计性品质管理(SQC)理论——通过统计抽样检验方法,对产品的全过程进行分析研究,以期达到预防问题发生的目的。

1940 年:美国贝尔电话公司应用统计质量控制技术取得成效;美国军方在军需物资供应商中推进统计质量控制技术的应用;美国军方制订了战时标准 Z1.1、Z1.2、Z1.3——最初的质量管理标准。三个标准以休哈特、道奇、罗明的理论为基础。

1950 年:戴明提出质量改进 PDCA 循环——在休哈特之后系统和科学地提出用统计学的方法进行质量和生产力的持续改进;强调大多数质量问题是生产和经营系统的问题;强调最高管理层对质量管理的责任。此后,戴明不断完善他的理论最终形成了对质量管理产生重大影响的"戴明十四法"。开始开发提高可靠性的专门方法——可靠性工程开始形成。

1960 年代初:朱兰、费根堡姆提出全面质量管理——他们提出,为了生产具有合理成本和较高质量的产品,以适应市场的要求,不能只注意个别部门的活动,而需进行覆盖所有职能需要部门的质量活动策划。戴明、朱兰、费根堡姆的全面质量管理理论在日本被普遍接受,日本企业创造了全面质量控制(TQC)的质量管理方法。统计技术,特别是"流程图""直方图""因果图""检查单""散点图""排列图""控制图"等被称为"老七种"工具的方法,被普遍用于质量改进。

1970 年:TQC 使日本企业的竞争力极大地提高,其中汽车、家用电器、手表、电子产品等占领了大批国际市场。因此促进了日本经济的极大发展。全面质量管理的理论在世界范围内产生巨大影响。日本质量管理学家对质量管理的理论和方法的发展做出了巨大贡献。这一时期产生了石川馨、田口玄一等世界著名质量管理专家。

1980 年:菲利浦·克罗斯比提出"零缺陷"的概念。他指出:"质量是免费的",突破了传统上认为高质量是以低成本为代价的观念。他提出高质量将给企业带来高的经济回报,随即质量运动在许多国家展开。包括中国、美国、英国、法国等许多国家设立了国家质量管理奖,以激励企业通过质量管理提高生产力和竞争力。质量管理不仅被引入生产企业,而且被引入服务业,甚至医院、机关和学校。许多企业的高层领导开始关注质量管理。全面质量管理作为一种战略管理模式进入企业。

1987 年:ISO9000 系列国际质量管理标准问世——质量管理和质量保证对全世界 1987 年版的 ISO9000 标准很大程度上基于 BS5750。质量管理与质量保证开始在世界范围内对经济和贸易活动产生影响。

二、重要的质量管理思想

(一)泰勒管理理念

弗雷德里克·温斯洛·泰勒是美国古典管理学家,科学管理的创始人,被管理界誉为科学管理之父。泰勒在其主要著作《科学管理原理》中阐述了科学管理理论,使人们认识到了管理是一门建立在明确的法规、条文和原则之上的科学。泰勒的科学管理主要有两大贡献:一是管理要走向科学;二是劳资双方的精神革命。泰勒科学管理的指导思想是科学管理的核心,要求管理人员和工人双方实行重大的思想革新。具体而言:①泰勒科学管理的中心问题是提高劳动生产率;②实现最高工作效率的手段,是用科学的管理代替传统的管理。泰勒科学管理理论的要点主要概括为以下几点:①科学管理的中心问题是提高劳动生产率;②为了提高劳动生产率,必须为工作配备第一流的工人;③要使工人掌握标准化的操作方法,使用标准化的工具、机器和材料,并使作业环境标准化;④实行有差别的计件工资制;⑤工人和雇主双方都必须来一次"心理革命";⑥把计划职能同执行职能分开,变原来的经验工作方法为科学工作方法;⑦实行职能工长制;⑧在管理控制上实行例外原则。

(二)休哈特提出统计过程控制(SPC)理论

沃特·阿曼德·休哈特(Walter A. Shewhart)是现代质量管理的奠基者之一,他成功地将统计学、工程学和经济学结合在一起,开创了统计质量控制的新领域,被人们称为"统计质量之父"。他认为产品质量不是检验出来的,而是生产出来的,质量控制的重点应放在制造阶段,从而将质量管理从事后把关提前到事前控制。统计过程控制(简称 SPC)是一种借助数理统计方法的过程控制工具。它对生产过程进行分析评价,根据反馈信息及时发现系统性因素出现的征兆,并采取措施消除其影响,使过程维持在仅受随机性因素影响的受控状态,以达到控制质量的目的。核心思想即通过提升过程能力控制产品过程质量,以达到保障产品质量的最终目的。

(四)费根堡姆理念

费根堡姆因最早提出"全面质量管理"而广为人知。他主张用系统全面的方法管理质量,在质量过程中要求所有职能部门参与,而不局限于生产部门,并于 1951 年发表著作《全面质量管理》。费根堡姆的理念集中体现在其"质量三步骤":①质量领导:持续管理应该建立在计划的基础之上,而不应是对失败的被动反应。管理层对质量管理必须保持持续的关注和领导。②现代质量技术:传统的质量部门有80%～90%的质量问题无法解决。必须将工程师、一线员工和办公室员工在过程中整合起来,他们对新技术进行持续的评估和实施,以便将来能够以满足顾客的需要。③组织的承诺:将质量融入经营计划中,持续培训和激励员工队伍,这体现了质量的重要性,并使质量最终纳入企业各方面的活动中去。

4.戴明十四点

威廉·爱德华兹·戴明是当代世界知名的质量管理专家,被誉为"现代质量管理之父"。戴明一生主要致力于质量管理事业,是世界寻求质量化发展的伟大先行者。他在质量管理实践的现实探索中,形成了较为系统、内涵丰富的质量管理思想。戴明认为变异是导致劣质的罪魁祸首,理念的核心在于:在最高管理者的领导下，通过减少设计、过程、服务过程中的不确定性和变异，来持续改进产品和服务的质量，他还认为高质量将带来高生产率，从而带来长期的竞争优势。戴明推行的"质量管理十四要点"是美国制造企业转型的基石，是20世纪风靡一时的管理法宝，同时也是全面质量管理的重要理论基础。

戴明十四点：①建立并向全体员工发布有关公司或组织的目标和宗旨。管理层必须时刻持续表现出他们对这一目标和宗旨的承诺。②理解新的理念，包括高层管理者和全体员工在内。③理解检验对于过程改进和降低成本的作用。④终结仅凭价格来做生意的做法。⑤持续不断地改进生产和服务系统。⑥开展培训。⑦教导并实施领导。⑧驱除恐惧。建立信任。创建一种创新地氛围。⑨优化团体、群体和员工的努力以实现公司的目标和宗旨。⑩取消针对员工的宣传口号。⑪（a）取消生产中的数量定额，代之以学习和应用改进方法。（b）取消目标管理，代之以了解过程能力以及如何加以改进。⑫消除剥夺人们享受工作自豪感的障碍。⑬鼓励每个人的教育和自我改进。⑭采取行动来实现转型。

5. 朱兰理论

朱兰出生于罗马尼亚，1912年来到美国。电子工程师出身的朱兰20世纪20年代在西部电子公司工作，之后转到AT&T。1951年，负责《质量控制手册》一书的绝大多数内容编写。1953年，应邀访问并在日本进行质量管理演说。

朱兰的质量哲学围绕着质量三步曲而建立：质量计划、质量管理和质量实施。观点的提出基于所谓的"全公司质量管理"（CWQM），其目的在于要创造一种可以把质量观念传播给所有人的模式。质量计划——为实现质量目标而进行准备的过程，方法是确定顾客、明确顾客要求、开发具有满足顾客需求特征的产品、建立产品目标、开发流程、满足产品目标、证明流程能力；质量控制——在实际运营中达到质量目标的过程、方法是选择控制点、选择测量单位、设置测量、建立性能标准、测量实际性能、分析标准于实际性能的区别、采取纠正措施；质量改进——通过突破实现前所未有的绩效水平的过程。质量改进的对象，包括产品（服务）质量以及与它有关的工作质量改进的效果在于"突破"，意为比原定质量计划目标超水平完成工作。

6. 菲利浦·克劳士比零缺陷理论

1961年9月，克劳士比提出首次提出"零缺陷"概念，1962年8月美国开展零缺陷运动。1965年之后的一年多时间里，日本即有上百家企业开展零缺陷计划。克劳士比质量四项原则是零缺陷思想派生出的一系列行为准则，克劳士比质量四项原则涉及什么是质量、质量怎么产生的、质量的执行标准以及如何评价质量，围绕这四个核心构成了"零缺陷管理"模式。整体可概括为5点质量管理定律：①质量意味着符合要求，而非优美；②不存在质量问题这回事；③没有质量经济学这回事，一次就把事情做好总是最便宜的；④测量绩效的唯一指标即为质量成本，即"不符合"的代价；⑤唯一的绩效标准就是零缺陷。

第二节 基本理念

基本质量理念是指导组织进行质量管理遵循的行为准则，是企业的终极信念，是企业哲学中起主导性作用的重要组成部分，它是解决企业在发展中如何处理内外矛盾的一系列准则，如企业对市场、对客户、对员工等的看法或态度，它影响与表明企业如何生存的立场。天津质量奖的评价准则基于10条核心价值观之上，理解和掌握10条核心价值观对理解天津质量奖标准，践行卓越绩效模式具有深刻的意义和价值。

天津质量奖卓越模式是一个非硬性规定的全面质量管理架构，基于10个相互关联的核心理念基础之上。这些基本理念是企业为实现卓越的经营绩效所必须具备的观念和意识，它贯穿于标准的各项要求之中，体现在全体员工，尤其是企业高层管理人员的意识和行为之中。

这些价值和概念，将在下面详细说明，包含了在高绩效组织中所具有的信念和行为。以此为平台把主要经营需求整合在一个关注结果的框架内，这种框架为行为和反馈提供了基础。

C1. 系统的视野

卓越模式为管理组织及其关键过程实现卓越绩效提供了一个系统的视野。系统的视野意思是让组织的构成部门形成一个统一体,来实现使命、持续成功和卓越绩效。成功管理组织整体绩效要求组织实现把各独立运营的部分整合为统一系统。组织特有的综合、校准和整合促使组织系统成功。

"综合"意味着把组织视为一个整体并在此基础确立包括核心竞争力、战略目标、行动计划和工作系统在内的关键组织属性。"校准"意味着应用卓越模式规定的各项要求之间的关键联系来确保计划、过程、测量指标和行动之间的一致性。"整合"构筑在校准之上,意味着组织绩效管理系统的各个要素以充分互联的方式运行,并产生可预期的效果。

这些概念在本标准框架是有描述的,系统的视野包括了高层领导者对于战略方向和顾客的关注。它意味着高层领导者依据运营结果来监测、应对和管理绩效。系统的视野还包括利用测量指标和组织的知识来建立关键的战略,它意味着这些战略要与组织的工作系统和关键过程联系起来并协调组织的资源配置,最终实现整体绩效的改进和对顾客及利益相关者的关注。

C2. 远见卓识领导

拿破仑·波拿巴说:"绵羊统帅的狮子兵团将战胜不了狮子统帅的绵羊兵团",可见领导在一个企业中的重要性。领导相应于一个企业的大脑,他指引了企业发展的方向、他要给所有的相关方(股东、员工、顾客、供应商、社会大众)信心。其眼见、领导力、应变能力、影响力等将决定一个企业的成败与兴衰。拥有一位远见卓识的领导,将使企业前途一片光明,从而引领企业走向另一个高度。

领导者以前瞻性的视野、敏锐的洞察力,在综合平衡所有利益相关者需要的基础上,确立组织的使命、愿景和价值观。领导者应确保建立起追求卓越绩效、促进创新、构筑知识和能力,确保组织可持续成功的战略、系统和方法,带领全体员工实现组织的发展战略和目标。

领导者确定的价值观和战略应当用于指导组织所有的活动和决策。高层领导者应鼓舞、激励全体员工,鼓励员工贡献、成长和学习,勇于创新,接受有意义的改变。高层领导者应对组织的治理机构的行为和绩效负责。治理机构最终应就组织及高层领导者的道德、行为和绩效对所有利益相关方负责。

高层领导者应通过其道德行为,通过参与计划、为创新沟通、培养和激励员工提供支持性环境、培养未来领导者、组织绩效评审、员工表彰认可等,发挥其榜样的作用。高层领导应具有坚强的意志力和谦逊的品格,关注并获得各相关方承诺,以确保组织持续成功的能力。

总体来讲,远见卓识的领导应该做到:

确立组织的发展方向:树立以顾客为中心的价值观和企业文化,明确组织的使命、愿景及较高的组织期望;

制定组织的发展战略、方针、目标、体系和方法,指导组织的各项活动,并引导组织的长远发展;

调动、激励全体员工的积极性,为实现组织目标,鼓励员工为组织做出贡献,做到全员参与、改进、学习和创新;

高层领导应对组织的治理机构的行为和绩效负责,强化组织道德规范,诚信自律,保护股东和其他利益相关方的权益;

以自己的道德行为和个人魅力起到表率作用,形成领导的权威和员工对组织的忠诚,带领全体员工克服困难,实现目标。

C3. 聚焦于成功

以战略统领组织的管理活动,确保组织现在和未来持续成功,要求理解影响组织和市场的和长短期因素。组织持续成功要求对不确定的环境进行管理,同时平衡利益者的短期需求与组织和利益相关者长期成功投资的需求。要追求稳定的增长和绩效领先地位,就必须有坚定的未来导向以及对关键的利益相关者——员工、供应商、合作伙伴、股东以及公众和社区做出长期承诺的意愿。情况允许时，还需灵活的修改计划。

组织的计划活动和资源分配应当预先考虑到诸多的因素，如顾客的预期，新业务和合作机会；潜在的危机，包括经济状况的改变，劳动力容量和能力需求；全球市场的竞争，技术的发展，顾客和细分市场的变化；竞争对手的战略性举措。战略目标和资源分配必须与这些有效因素相匹配。关注成功还包括领导、员工和供应商的发展，实施有效的继任计划活动，创造一个承担明智的风险和鼓励新的支持性环境，预期应承担的社会责任和关注点。

C4. 为顾客增加价值

顾客是企业赖于生存的基础，作为企业应让员工意识到顾客的重要性，同时更好地识别顾客的需求和期望并实现它，以达到顾客的满意，换取顾客的忠诚度。

顾客是组织绩效和质量、产品和服务的最终评判者。因此，组织必须考虑到所有的产品和服务的特性、特点以及有价值贡献的顾客接触和支持模式，这样才能引来顾客、赢得其满意、倾向和忠诚，最终提升业务可持续性。

创造可持续的顾客价值。组织应关注产品和服务价值的清晰界定和沟通，在产品和服务设计过程中增强顾客的参与程度。通过清晰地关注组织当前和潜在顾客的需求和期望，可以最大程度获得顾客忠诚度、顾客保持和市场份额。

卓越的组织监视竞争对手的活动并了解他们的竞争优势。卓越的组织不只是重视满足顾客对产品和服务基本需求的特性，而且还重视使自身区别于竞争对手的特征和特性。这种区别可基于创新的供应、产品和服务的组织供应、供应的定制化、多重接触和对外沟通机制、快速反应或特殊关系等。他们有效预测顾客未来的需求和期望，立即行动以满足并在可能的时候超越它们。

价值和满意度可能受顾客在组织的所有经历过程上的很多因素影响，这些因素中包括有助于建立信任、信心和忠诚度的组织顾客关系管理。卓越的组织监视和评审顾客的体验和感知，并在出现问题的时候迅速有效地做出反应，建立并保持与所有顾客的卓越关系。

整体来讲，为客户增加价值包括了对当前和未来两个方面的关注，理解和掌握当下顾客的需求，关注和预计未来的顾客期望，挖掘新的市场潜力。为客户增加价值是一个战略性的概念，意在顾客的满意和忠诚以及市场份额的获得、保持和增长。它要求对于变化的和新出现的顾客和市场需求，对于影响顾客满意和忠诚的因素，能够持续保持敏感度，追根结底，要关注发展中的新时代，把握进步的高科技，于此基础之上催生出的顾客需求，真正做到认真倾听顾客的声音，对市场和顾客变化做出迅速灵活的反应。

C5. 以人为本

日本企业界的经营之神稻盛和夫先生受访时曾经说过——"股东、员工、顾客中，员工于企业而言是最重要的"，由此可见在经营之神的眼中员工的重要性。同时，稻盛先生也讲到，您如何对待员工您的员工将会如何对待您的顾客。做为远见卓识的领导应做到充分的授权，让员工更好地发挥其能力和潜力；应关注员工工作和生活的需要，创造公平竞争的环境，对优秀者给予奖励；为员工提供学习和交流的机会，促进员工发展与进步；营造一个鼓励员工承担风险和创新的环境；激励员工勇于奉献、成长、学习和创新。

组织的成功越来越取决于员工及合作伙伴不断增长的知识、技能、创造力和工作动力。卓越的组织应关注组织战略要求和组织成员期望之间的平衡，重视激励并取得组织成员的承诺和自愿投入，通过员工个人发展与参与，使他们的贡献达到最大化。

员工的成功日益依赖于是否有个人学习和新技能实践的机会，这些学习包括组织未来核心竞争力的人力资源准备。对在职培训提供一个具有成本效益的方式来交叉培训，并更紧密地联系组织的能力需求和优先事项进行培训。如果组织依靠志愿者，他们的个人发展和学习也需要做重要的思考。改善了创新的环境,留住更满意并具有多种业务技能的员工。

个人的学习可带来:①愿意长期为组织做贡献的更加满意和多技能的员工;②组织范围内的跨职能学习;③构筑组织的知识财富;④改善了的创新环境。因此,学习不仅直接导致了更好的产品和服务,而且还提升了响应能力、适应能力、创新能力和效率,给组织带来更强的市场实力和绩效优势,给员工带来更好的满意度和追求卓越的动力。

重视员工意味着致力于员工的支持、满意、发展和权益。在重视员工方面所面对的主要挑战包括:①展示出领导者对员工成功的重视;②对超越常规薪酬制度的激励和认可;③在组织中发展与进步;④共享组织的知识从而使员工能够更好地服务于顾客,并为实现组织的战略目标做出贡献;⑤营造鼓励承担明智风险环境以实现创新;⑥建立一个员工和组织的绩效问责系统;⑦为多样化的员工团队营造一个包容环境。整体来讲,涉及采用更灵活的高绩效工作时间,这些工作实践充分考虑了员工多样化的工作场所需要和家庭生活需要。

C6. 合作共赢

合作共赢是企业资源整合能力和资本运作能力的具体体现,是驱动企业健康稳定持续发展的重要引擎,新常态下,只有在变革中努力做好人才、技术、资金、设备等资源要素的功能集成化,做好不同工艺、技术的跨界合作,做好不同专业的融合,才能使企业一往直前,经久不衰。

发展并保持有价值的伙伴关系,与顾客、关键的供方及其他相关方建立长期伙伴关系,互相为对方创造价值,实现共同发展,获得持续发展和成功。卓越组织认识到在当今持续改善和要求越来越高的世界上,成为可能取决于他们发展的合作伙伴。他们寻找和与其组织发展合作伙伴关系。这些合作伙伴使他们能够通过优化核心能力向他们的相关方提供增加的价值。这些合作伙伴可以是客户、社会、供应商或者甚至是竞争者,并且以明确确定的互利为基础。与合作伙伴一起工作,以达到共同的目标,用经验、资源和知识互相支持,在互相信任、尊重和公开的基础上建立可持续的关系。

整体来讲,合作伙伴关系可以提供进入新市场的通路或发展新产品和新服务的依托;还可以使组织的核心能力或领导能力与合作者的优势与能力互相补充。

C7. 基于事实的管理

组织的运作是一个整体,如果不能运用系统的方法进行管理将无法达到整合一体化的目标。因为组织的运作由多个模块组成,若无系统的管理方法将其有机的结合在一起,让所有的员工意识到组织是一个整体,应从整体出发往同一个方向整合和努力,管理很难达到最优的效果。

有效决策建立在数据和信息分析的基础上,卓越的组织应该具有有效的管理体系,它以所有利益相关方的需求和期望为基础,并为其实现而设计,卓越的组织应关注如何设计过程以实现战略,以及突破传统组织界限的过程全程管理。

基于事实的管理要求对组织内部和竞争性环境的绩效进行测量和分析。测量应取决于业务需要和战略,还应提供关于关键过程、输出、结果、竞争对手和行业绩效的重要数据和信息。组织的有效的绩效管理需要诸多类型的数据和信息。

在绩效改进和变革管理中,需要考虑的一个重要因素就是绩效测量指标的选择和应用。所选指标应能最好地描述使顾客、运营、财务和社会绩效得以改进的因素。顾客和组织绩效要求的一套综合测量指标,构成了将所有过程与组织目标相校准的一个明确基础。测量指标可能需要对在快速变化的环境中做出决定进行支持。在对所追踪过程的数据的分析中,测量指标本身也会被评价和改变,以更好地支持目标。

分析是指由数据和信息中获取进一步的意义,以支持评价、决策和改进。分析需要利用数据来确定趋势、展望及尚不明晰的因果关系。分析可服务于多种目的,如计划活动、审核整体绩效、改进运营、变革管理,以及与竞争对手或最佳实践标杆的绩效进行比较等。为促进分析,数据来源的渠道应该具有多样性，数据应该被细化，例如市场、产品线和员工群体以获得更深层次的理解。

C8. 培育创新和创造

传承、改进和创新是组织持续发展的关键，组织不断挑战现实状态，通过学习产生创新和改进的机会，以达到有效的改善。卓越组织能从自己的其他组织的业务、绩效中不断学习。他们在组织内部和外部均设立严格的标杆，以供参考和学习。他们获取和共享人员的知识，有一个开放的环境接受和利用所有相关方的想法，以求整个组织内的学习效果最大化。鼓励员工超越今天和今天的能力看问题。他们尽力保护他们的智力资产，在适当时候为商业利益开发智力资产。他们的员工坚持挑战现状和寻求不断创新和增加价值的改进。

创新意味着实施有意义的改变，以改进组织的产品、服务、项目、过程、运营和商业模式，并为组织的利益相关者创造新的价值。创新会使组织的绩效进入一个新的境界。创新需要一个支持性环境，需要一个识别战略机会，追求明智风险的过程。创新和持续改进虽然有所不同，但是是互补性的概念。成功的组织运用这两种方法进行绩效改进。

创新已不再完全是研发部门的领地，它对于运营的所有方面以及所有的工作系统和工作过程都是非常重要的。组织的领导和管理应使识别战略和承担明智的风险成为组织的学习型文化的一个组成部分，使创新融入到日常工作中去，并得到绩效改进系统的支持。识别战略机会的系统过程应贯穿整个组织。

组织应关注建立和参与组织网络，与各相关方合作，成为组织创造性和创新的潜在来源。创新开始可能源自适应其他行业的创新方法，最后在组织本行业取得重大突破。创新构筑于组织、员工和竞争对手的创新所积累的知识上。它可能包括收集通常不在一起工作和组织不同部门员工的知识。因此，对于促进组织创新管理而言，有效利用这些新的和累积的知识的能力有着至关重要的意义。

C9. 社会责任

组织在满足其经营活动的最低规范要求之外，还应努力理解和响应组织的各利益相关者的愿望和诉求。卓越组织作为一个负责任的组织，采用高度的道德的途径，将他们的绩效向其他相关方透明和负责。组织的领导层应注重组织对公众所负有的责任、道德规范，并尽好公民义务。

组织的领导者应强调公众责任，并重视对社会福利和利益需要的考虑。在保护公众健康、安全、环境方面，领导者应成为组织的榜样。组织不应仅仅满足于相关法律与法规的要求，还应把他们与其他要求一起看成是改进的机会，"超越守法"。组织关注对行为和活动积极承担责任，对其给社区与社会带来的影响实施管理，重视保护资源并从源头上减少废弃物。在计划活动中应考虑到生产、分销、运输、使用以及产品处置可能造成的有害影响。有效的计划应防止问题的发生，提供发生问题时的直接应对方案，并提供所需的信息与支持以保持公众的知情权、安全和信心。

组织应在与所有利益相关者的事务和交往中强调道德行为。组织的治理机构应对高度的道德行为提出要求并加以监督。组织高层领导应是道德行为的榜样，并十分明确地了解员工期望。组织的道德制度是组织文化的价值观的基础。他们在区分正确和错误的准绳。清晰表达道德制度和组织的价值观，授权员工进行有效决策，这将为组织确定标准和禁令起到界定作用。

履行公民义务指的是领导作用，和在组织资源许可的条件下对公共的重要目的的支持。这种目的可包括在社区内改善教育和保健，美化环境，保护资源，社区服务，改善工商业的习惯性做法，分享非专利性信息等。作为法人地位的领导作用，要去影响其他的私人或公共的组织，去参与实现上述目的。例如，组织可以引导或参与有助于组织向社区明确本行业对社会应负的责任的努力，社会责任管理要求采用适当的测量和履行对这些测量的领导责任。

C10. 传递价值和成果

卓越是指组织要实现取悦所有利益相关方的结果。卓越的组织应建立一套关键结果测量，以监测实现愿景、使命和战略的进展,这有助于领导做出有效和及时的决策。

向关键利益相关者传递价值,组织构筑起了忠诚,为增长的经济和社会做出贡献。要加以平衡就意味着各种目标之间有时会发生冲突和改变。为了满足这些目标,组织的战略中就应明确地纳入关键的利益相关者的需要,避免对任何一方造成不利的影响。一套均衡组合的先行和滞后绩效指标的应用,为沟通长、短期的重点事项和监控实际绩效指标提供了一种有效的手段,也为结果的改变提供了明确的基础。

组织的绩效测量注重关键的结果。这些结果应被用于为关键的利益相关者(顾客、员工、股东、供应商、合作伙伴、公众和社区),传递价值和平衡其相互间的价值。因此,结果应进行综合测量,不仅仅只有财务结果,还包括产品和过程结果,顾客和员工的满意度、契合度的结果,领导、战略和社会绩效。

第三节　天津质量奖标准模型

一、标准的框架

天津质量奖卓越模式包括 8 个部分,其中 4 个属于"引擎",4 个属于"结果","引擎"指引组织怎么做,"结果"指导组织达到具体目标。"引擎"导致"结果",来自"结果"的反馈进一步提高"引擎"。3 大类 8 个部分中,发展动力是组织持续成功的关键,是组织的系统策划和安排;关键过程结合中国国情,重点是对"三个转变"进行了详细阐述和说明;"结果"与过程要素一一对应,其中"质量水平"、"创新结果"及"品牌成果"分别对应 3 个关键过程。

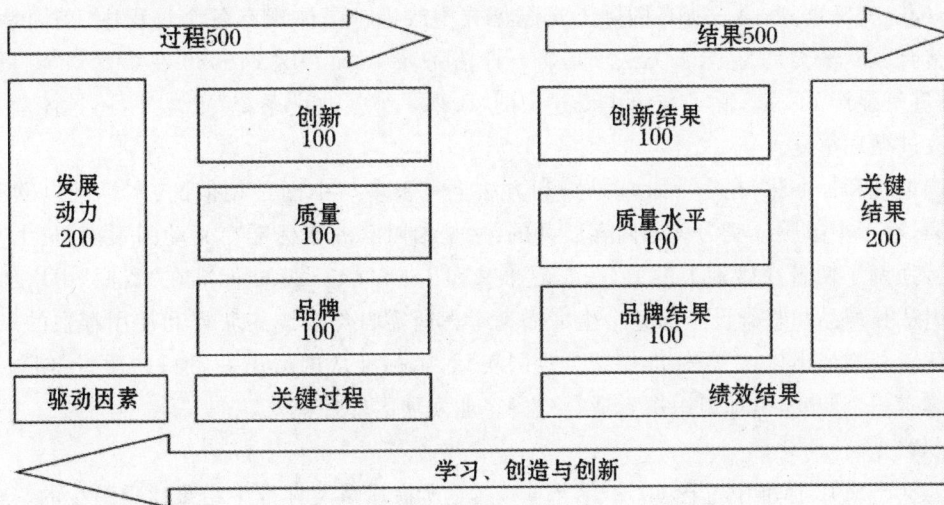

天津质量奖卓越模式

二、制定标准的原则和依据

需求引领。标准的制定坚持各级政府部门以及申报组织的实际需要为引领,为政府部门和组织提供技术依据。

科学性。本标准以欧洲质量奖为框架,充分借鉴和吸收了美国波多里奇国家质量奖、日本戴明奖、新乡奖等管理模式的核心理念和最新研究成果,力图体现"被证明行之有效的那些前沿的管理惯行"。

本土化。中国这些年来在引进西方管理方式上多有盲目性、盲从性,在时下国内多个行业产能过剩、管理不足、亟需从经营模式上实行"三个转变"的大背景下,如何引导国内企业重新思考有效的管理理论和实践,已经成为政府的重要课题。本标准是在《中国质量奖评审要点》的基础上,结合中国国情,选择适合我国操作实践的欧洲奖模式作为框架，即把过程管理展开为国内普遍需要解决的"质量、创新、品牌"3大关键过程，引导企业探索真正适合于国内企业普遍推广的管理实践。

三、与现行法律法规的关系

该标准在《中华人民共和国产品质量法》和《质量发展纲要（2011—2020年）》的框架下，以《中国质量奖资料评审要点》为基础，结合天津市实际需求，制定的具有可操作性的地方标准。

本标准与GB/T19580－2012《卓越绩效评价准则》从理念到框架有很大的区别，主要体现在以下4个方面：

1）理念方面。

GB/T19580－2012标准9大基本理念中缺少"基于事实的管理"。这一理念在欧洲奖8项基本理念、美国波奖11项核心价值观、以及ISO9000的"8项质量原则"中都有体现，是质量管理的基础。

本标准参照了欧洲奖、美国波奖以及ISO9000等3大管理体系的理念内涵，结合中国实际进行了系统的梳理，提炼出10大核心理念，内容基本上涵盖了上述3大管理体系相关理念要求。

2）标准框架方面

GB/T19580－2012标准是在美国波奖的框架基础上进行加工，逻辑结构与美国波奖相比出现了逻辑混乱。美国波奖是建立在完全市场经济基础之上的，资源不是企业核心能力，可以完全由市场来配置，第五章"以员工为本"重点讲的是如何开发员工潜能为组织做贡献；其次，波奖的第四章"测量分析和知识管理"关注的是组织如何充分利用信息和信息技术收集和分析支持管理的相关数据和信息，并通过知识管理把这些成果固化和分享。GB/T19580首先把人当作资源来对待；其次"信息资源"与"测量、分析与改进"内容和结构上交叉重复；第三所有国际上卓越模式中改进都是体现有各个过程中（美国是"方法－展开－学习－整合"，欧洲奖是"结果－方法－部署－评估完善"），而GB/T19580在第六章"测量、分析和改进"中又把改进复强调了一遍，除了与组织概述中的"B.2.3绩效改进系统"重复外，还与各章节中每个如何中"学习"改进循环重复。

欧洲强调过程和标准化，在企业管理思路和方法上有很多与中国是相似的：本标准以欧洲质量奖卓越模式为框架，基于中国质量奖为核心内容展开的：一是参照欧洲奖标准在驱动因素把"员工开发"和"资源管理"分开，强调了两者在管理上的差异；二是准参照ISO9904－2009标准在"资源"中增加了"自然资源"，引导组织从其产品和基础设施的整个生命周期考虑所需自然资源的获得和使用存在的风险和机会，以寻求外界环境影响最小化；三是标准应结合各国实际，本标准从国情出发，通过"质量、创新、品牌"3个关键过程来落实三个转变，引导组织探索适合中国企业发展的管理模式。

3）分值设置方面

GB/T19580－2012标准中过程60%，结果40%，是所有质量奖标准中结果比重最少的。美国波奖过程55%、结果45%；欧洲奖过程50%、结果50%。

本标准结果和过程各占50%，引导国内企业向关键利益相关者传递价值，平衡相关方需求，为增长的经济和社会做出贡献。

4）评价方法

GB/T19580－2012标准是"方法－展开－结果"的评价模式，突出对的过程的关注，标准的九大基本理念中就没有"基于事实和数据的管理"的考虑。

本标准按照RADA逻辑来评价系统的成熟度，即结果－途径－部署－评估，突出结果导向。

第四节 标准解读

一、驱动力

本条款主要检查组织的领导力、战略管理、员工开发和资源管理。

（一）领导力

说明组织特色文化建设及其成效，领导者如何建立组织的使命、愿景和价值观，并且在优秀组织文化方面起模范作用，说明领导者如何与员工沟通并鼓励高绩效，说明领导者如何引领组织并保持组织可持续发展，有效支撑质量强国建设。

凡是不能获得高水平绩效的组织，几乎总能发现其在领导方面的失败。这句话充分印证了，领导力在组织中的重要性。领导力即为使人产生追随的能力。最成功的领导者，具备以下特征：强烈的未来导向，对行动和理智冒险的偏好，对个人和组织的改进、创新和可持续性的承诺，以及有条不紊地坚定地推动必要变革的方法，这就需要建立一种环境，以促进员工契合学习创新组织敏捷性以及快速有效地运用知识的方法，员工不能认为这种环境是可有可无的，对于不能勤奋工作，以满足这些原则的管理人员和员工，领导者应当持零容忍态度。

a）组织文化：领导者如何建立和贯彻组织的使命、愿景和价值观，并成为卓越文化的典范。

组织文化，或称企业文化是一个组织由其价值观、信念、仪式、符号、处事方式等组成的其特有的文化形象，简单而言，就是企业在日常运行中所表现出的各方各面。

企业文化是企业中不可缺少的一部分，优秀的企业文化能够营造良好的企业环境，提高员工的文化素养和道德水准，对内能形成凝聚力、向心力和约束力，形成企业发展不可或缺的精神力量和道德规范，能使企业产生积极的作用，使企业资源得到合理的配置，从而提高企业的竞争力。总体来讲，企业文化具有凝聚力、引力、导向、约束、激励和竞争力作用。使命、愿景和价值观体现了组织未来的发展方向，也是组织文化的核心，并为战略和战略目标的制定设定前提。组织的高层领导应结合其历史沿革、行业特点和内外部环境等实际情况，研讨、提炼、确立和贯彻其使命、愿景和价值观，并率先垂范。

高层领导者不能设立清晰的愿景、价值观和绩效期望，这样在整个组织的管理人员和员工之间，对于他们必须完成什么，以及他们必须遵循的方向，就可能会产生不确定性，这可能会导致管理人员使用其自身的看法目标和方向，而这些看法目标和方向可能与高层管理或其他管理人员和单位并不一定，缺乏一致性，还会造成资源的冗余和浪费，会出现组织的某些部分与其他部分在按照不同的目标进行工作。

组织需建立一个可持续的组织，一种实现使命绩效领袖创新和理智冒险的文化，一贯良好的顾客体验组织和个人学习培养接班人的计划，以及未来领导的培养。重视顾客和利益相关者、重视员工、重视合法合道德的行为，重视连续改进组织和个人的学习以及创新。

b）双向沟通：高层领导如何在整个组织内建立坦诚的、双向的沟通机制，如何就关键决策与全体员工及关键利益相关方进行沟通。

双向沟通是指发送者和接受者两者之间的位置不断交换，且发送者是以协商和讨论的姿态面对接受者，信息发出以后还需及时听取反馈意见，必要时双方可进行多次重复商谈，直到双方共同明确和满意为止，如交谈、协商等。

沟通目的使全体员工及其他相关方对组织的发展方向和重点有清晰、一致的理解、认同并付诸行动，在组织内部达成上下同心，在组织外部促进协同发展。

高层领导不能有效地与所有员工和重要顾客进行沟通和契合，这样他们就可能无法利用重要资产，员工和利益相关者的高能量。因此，领导者可能就会发出这样一种信息，顾客是不重要的，或者员工不具备独立决策的技能或能力，在组织内进行事无巨细的干预是更好的方法。这种环境趋向于使组织内的更高层次来制定决策，产生过度的延迟，并以一种阻碍组织敏捷性的方式开展工作，不必要的审查和批准，层次可能会是整个组织的创新、冒险和创造性最小化，这些问题综合在一起很可能会增加成本而非价值，使得在高度竞争的行业中取得成功变得日益困难。

组织可通过高层领导演讲、座谈会、网站、报刊及文化体育活动等多种形式，与员工双向沟通；通过洽谈会、研讨会、外部网站等形式与相关方双向沟通。组织应围绕其发展方向和重点，建立物质激励和精神激励相结合的绩效激励制度。

与顾客和员工沟通并契合。通过多种方法明确组织观，组织的价值观和优先级，激励员工为组织成功贡献其最大能力，制定明确的奖赏和认可，其支持高水平绩效以及对顾客或业务的关注。

企业外部沟通主要表现为企业与客户、企业与社会之间的沟通，可通过正确履行企业的社会责任，定期调研市场，走访客户，建立市场信息采集点予以实现，传达组织的企业文化及相关信息。

在沟通时，组织需要考虑：交流的对象是否全面；沟通是否坦诚双向；是否借助与时俱进的沟通工具；在激励员工方面是否发挥积极作用；是否实现上下级之间顺畅沟通的有效途径。

c) 营造氛围：高层领导如何识别并倡导组织的变革，如何创建授权、学习及遵守法律法规和道德行为规范的组织环境。

营造环境指营造一个包括诚信守法、改进、创新、快速反应和学习等要点的组织文化环境。

营造一个积极向上的工作氛围，使得不仅内部组织成员工作热情高涨，工作流顺畅，而且外部合作伙伴积极主动配合。如此这样，团队的目标才能得以实现，管理者和组织成员有成就感、归宿感。

高层领导应通过组织文化建设，积极倡导诚信守法，鼓励员工开展多种形式的改进和创新活动，提高快速反应能力，培育学习型组织和员工。领导者必须建立一种环境，促进员工契合、授权、敏捷性以及快速和有效地运用知识的方法；公司经营行为合规合法、合乎道德的标准要求等。

d) 聚焦行动：高层领导如何通过关注焦点确立行动计划、实现组织使命，如何在组织的绩效期望中关注为顾客及其他利益相关者创造和平衡价值。

行动是指为达到某种目的而进行的活动。完美的计划，如果缺乏行动，就会变成空谈。注重行动是成就卓越、获取成功的基本保证。高层领导不能建立一种注重行动的环境以完成组织目标，改进绩效，达成愿景，员工就会注重自己的优先级，如果不注重为顾客和利益相关者创造价值并与契合，组织的员工和管理人员就会变得关注内部企业，规避风险，从而对顾客价值产生负面影响。而顾客价值是每个组织取得成功的基础，关注内部还会产生一种氛围，即员工对倾听顾客的需求和关心并不十分感兴趣，这就会导致组织的傲慢，以及员工认为他们比顾客更了解顾客想要什么，这种行为会令顾客反感，并造成顾客不满意的水平提高，从而阻碍一贯良好的顾客体验的产生。此外，高层领导不能建立一种注重平衡顾客和其他利益相关者价值的环境，特别是在不同顾客群体的利益相互冲突之时，某一群体的顾客信心就会受到侵蚀，最终导致失去这些顾客。

注重行动，确认需要采取的行动，并使其保持一致，以创造和平衡顾客价值，促进创新和理智冒险，产生期望的绩效结果，改进绩效，并达成愿景。

高导领导需要关注：是否能够实现组织目标，改进绩效，促进创新和理智冒险以及达成愿景；识别需要采取的行动；传达重要的决策；是否为顾客和其他利益相关者创造并均衡价值。

e) 治理与社会责任：组织如何确保有责任的治理。组织如何倡导和确保法律行为和道德行为，如何承担其社会责任和对关键社区提供支持。

企业治理又名公司治理、企业管治，是一套程序、惯例、政策、法律及机构，影响着如何带领、管理及控制公司。企业社会责任是指企业在其商业运作里对其利害关系人应付的责任。企业社会责任的概念是基于商业运作必须符合可持续发展的想法，企业除了考虑自身的财政和经营状况外，也要加入其对社会和自然环境所造成的影响的考量。

履行确保组织所提供产品和服务的质量安全的职责，引导组织承担质量安全主体责任；提供卓有成效的治理,以保护股东和利益相关者的利益,确保管理、财务责任、审计的独立性和有效性,以及运营和委员会成员选择的透明性。

组织在致力于自身发展的同时,还要积极主动地履行社会责任,以更具社会责任感的组织行为增强其竞争优势。履行社会责任则会带来如下利益:提高公共形象;增加品牌价值;获得更多的金融资源(例如,社会负责的投资基金);更健康和安全的队伍;更强的风险管理和企业管理;积极的员工;客户忠诚;提高相关方的信心和信息。

腐败或无能的组织治理所产生的不利后果,可能是突如其来和惊人的,伤害了数以千计的利益相关者,撕裂了国家经济的经济结构。当前随着利益相关者的审查日益增多而信任不断下降,如果不具备透明和有效的过程,以保障财务和管理责任,保护股东和利益相关者的利益,组织就难以克服遍布组织的不信任气氛,其股票价格顾客信心和公众支持也会不景气,侵入性的政府监管可能就会增多,而领导者的注意力和公司的资源无法用于生产产品和其他增值产出以击败竞争者,令顾客和其他利益相关者满意。

不能解决社会福利,充当良好企业公民,为环境社会和经济体系的福利作出贡献,并支持其招聘和顾客群体,组织会发现要赢得作为回报的支持是非常困难的,特别是其项目或方案需要当地的批准时。例如当地社区通常提供大部分的服务和新员工,如果组织没有支持当地教育或贸易于专业协会,它会发现自己面临关键领域熟练员工和开展业务所需重要服务的短缺性。

实现良好的组织治理,需要考虑以下因素:

——明确管理层的经营责任、道德责任、法律责任等;

——明确治理体制中各机构的财务责任,健全财务制度,规范会计行为;

——规定经营管理的透明性及信息披露的政策;

——确保内外部审计活动独立于被审计的对象和职责范围,包括:外部审计和相关服务不能来自相同或关联的机构;

——保护股东及其他相关方的利益,特别是中小股东的权益,以及员工、供方等的合法权益。

组织应对管理活动承担责任,确保组织经营合法;合乎道德的标准,遵守道德准则和职业操守的表现。从高层领导到一般员工都应遵守道德规范,并影响组织的利益相关方;把公益支持作为战略和日常运营的一部分,公益支持是组织超出法规和道德承诺之外的社会责任,是组织在资源条件许可的条件下,提升在社会责任方面的成熟度,成为卓越企业公民的表现机会和途径。

(二)战略管理

说明组织的战略目标和行动计划是如何制定和实施的,如何针对客观情况变化相应调整,以及如何监测进展情况。

a)战略策划:组织如何进行战略策划,关键过程步骤有哪些,谁是关键参与者,如何划分组织长、短期策划的时间区间。

战略是指企业面对日益激烈变化、严峻挑战环境,为求得长期生存和不断发展而进行的基于宏观层面的总体性谋略,它是一个正式的过程和仪式。战略规划为组织的工作过程与战略方向之间的一致提供了基础,确保组织不同部分的人员和过程不会互相矛盾。如果不一致,组织的效率和竞争力就会降低。企业战略是没有明确界定短期和长期规划跨度,这样就很难使市场和行业预测数据的分析和收集恰当的支持有效的规划。规划跨度越短,越容易准确的预测。然而,规划跨度应当至少与组织设计、开发和提供客户和市场需要的新产品和服务所需的时间一样长。

组织应明确战略制定的主要步骤和工作计划,包括各步骤的职责分工、时间安排等;战略机构应包括高层领导在内的相关部门及员工参与,适宜时,应考虑把主要客户、关键供应商纳入到战略管理机构中。组织可以可委托专业机构协助制定战略。组织应根据行业及产品特点,规定长、短期计划的时间区间,并通过战略制定工作计划,使之与战略制定过程协调对应。

b)战略思考:在战略策划过程中,组织如何收集和分析与战略相关的关键数据和信息,包括组织的优劣势、机会和威胁、利益相关方当前和将来的需求及期望、持续经营风险、执行规划能力。

战略思考是一个成熟企业的重要特征，也是企业持续成功的重要保障。从表面上看，所有企业的成功都是在正确的时间做了正确的事后的自然结果。但实质上，很多企业的成功在很大程度上要归结于运气，他们只是碰巧在合适的时间出现在了合适的地点。这类企业的成功其实很难持续，因为运气不可能总在你这边。一个持续成功的企业当然也需要运气，但更重要的是，他们知道为什么赢，正是这种"自知"让他们可以把握一个又一个的机会，而这种"自知"正是企业战略思考能力的反映。

不能解决规划过程中的关键因素，通常会导致有缺陷的战略规划，即忽视了对未来成功至关重要的因素。例如，如果组织错误的认为某个主要供应商能够在一定时间内交付关键部件，那么组织就无法实现战略目标。同样如果战略规划没有充分考虑市场上竞争对手的产品或新技术的出现，就会面临着重大障碍。规划包括对未来做出假设，这些假设并不总是正确的，不正确的假设可以视为规划过程中的盲点。为了避免盲点，需要不同的视角和信息，盲点会导致有缺陷的规划，未能考虑或准确预测这些因素的影响，会导致战略规划无法实现。

战略思考应关注的内容包括：战略挑战和战略优势；组织可持续发展的风险；战略规划过程和信息的潜在盲点；执行战略规划的能力。例如：可能会影响短期和长期成功的财务、社会、道德、法规和其他潜在风险；调拨资源到优先级较高的产品服务和业务领域的机会；可能会影响业务的政治或经济条件的变化；独特的组织因素，如供应商以及供应链能力和需求。

c）战略目标：组织的关键战略目标及完成时间表是什么。影响组织竞争格局的关键变化有哪些，这些关键变化如何影响到组织的产品、顾客、市场、供应商、合作伙伴和运营。

战略目标，是组织未来成功必须实现的可测量的结果导向的结果，即用结果导向的可测量的术语，界定了组织必须在将来获得成功的事物。

企业确定战略目标可以使企业的各级人员都能够有共同目标，增强企业的凝聚力和向心力；有利于明确未来各个阶段的工作重点和资源需求，从而使组织结构设计和资源整合更具有目的性和原则性，进而可以保持组织机构与战略的匹配性，可以更好地优化资源，有利于实现资源价值最大化；对组织前进、员工工作具有导向性，进而激励积极主动地完成目标。

对于组织和领导绩效的成功来说，了解战略是否按照预期那样实施是至关重要的。如果未能实现战略目标，制定一个具有明确目标的时间表，领导者将很难有效的监控组织绩效。有明确的里程碑，领导者就不得不猜测进展的速度是否合适，明确的时间表或增长轨迹，领导者往往会假设当前状态和预期之间的路线是线性的，而数据表明，实际路线几乎从来都不是线性，因此领导者在缺乏明确时间表和轨迹时所作出的线性假设通常是不正确的。

战略和战略目标应与使命、愿景和价值观相一致。战略可围绕以下一项、多项或全部而建立：新产品、服务和市场；通过收购、受让等各种途径获得收入增长；资产剥离；新的合作伙伴关系和联盟；新的员工关系；满足社会或公共需求。战略目标应考虑潜在市场、竞争对手、核心竞争力等方面可能发生的变化，在战略中准备相应的预案；战略目标是组织增强竞争力，获得或保持持久竞争优势而期望达到的绩效水平。组织应确定实现战略目标的时间表及逐年的、量化的关键指标值。

战略目标应重点考虑如何应对战略挑战，抓住战略机会、发挥战略优势；战略目标应平衡短期和长期的时间跨度，考虑并平衡所有关键利益相关者的需求。

d）行动计划：组织如何根据战略目标制定长、短期行动计划，如何确保资源配置来支持行动计划的完成。组织用来追踪关键行动计划进展情况的关键绩效测量项目或指标有哪些，如何确保整体的行动计划监测系统能够强化组织的一致性。

一旦组织确定未来必须获得成功的事物，即战略目标和相关目标，就必须采取措施执行这项规划。将战略目标有效地转化为行动计划，继而实现战略目标。

不能清晰地表达并传达关键的短期和长期行动计划，往往意味着这些计划并不存在，或者将战略目标表述为含糊的概括。如果没有行动，计划组织中的各级员工将很难了解去做些什么工作来帮助组织实现其战略。如果没有来自高层的明确方向，员工依然会努力工作，但他们的工作可能没有重点，因为他们会遵循自己认为适当的行动。

向员工、关键供应商和合作伙伴部署基于战略目标的行动计划；分配和平衡资源，以支持行动计划；制定人力资源和员工计划，以帮助实现战略目标和行动计划，并解决员工能力和员工群体能力的潜在变化；制定关键的绩效测量和指标，以跟踪行动计划进展的成果和效率，在跟踪这些计划的成果和效率时，确保测量行动计划的系统是范围内的一致性，确保实施涵盖了所有部署的领域；制定和调整行动计划，绩效测量和整个组织的资源，以确保工作过程或改进能够持续；规划预期的绩效成果（包括对竞争者绩效提高的假设），找出实际绩效与规划绩效之间的差距。

e）战略评估：组织如何对行动计划执行情况进行评估，并根据客观环境要求对行动计划做出调整。

对未来的绩效或未来目标实现结果的估计，是一种关键的管理诊断和战略策划工具。通过绩效的预测和对比，能够帮助组织提高绩效预测能力，以便更准确地描绘未来组织和主要竞争对手、标杆的绩效趋势，制定在竞争中领先的目标指标以及对策；更全面地评估其相对于竞争对手、标杆和自身目标的改进和变革的速率，以应对绩效差距，进行绩效改进和战略调控，确保实现所预测的绩效。

没有适当的测量或指标，这样整个组织的领导者、管理者和员工就很难确定他们是否取得了恰当的进展，领导者也很难准确地传达期望。不清晰的期望会使员工更加难以了解他们必须做什么来实现战略目标。想一想格言"能够测量的才能实现"，缺乏适当的测量将很难是每个人都专注于做正确的事。

组织应根据确定的关键绩效指标，基于所收集的相关数据和信息，运用适宜的科学方法和工具，对长期、短期计划期内的绩效进行预测；并将所预测绩效与竞争对手或对比组织的预测绩效相比较，与主要的标杆、组织的目标及以往绩效相比较，以制定和验证自己的目标和计划。绩效预测时，可考虑计入因新创办或并购企业、市场的拓展和转移、新的法律法规和标准要求以及在产品、服务和技术上的创新将导致的显著变化。

（三）员工开发

说明组织如何评估员工能力和数量需求以及营造一个有利于提高绩效的员工环境。说明组织如何聘用、管理并发展员工，以激发员工的全部潜能，使之与组织的整体使命、战略、行动计划相一致。

a）人力资源规划：组织如何制定人力资源战略规划，如何保证人力资源战略规划与组织战略及战略目标相适应。组织如何确定整个工作系统中员工能力和数量需求，如何招聘、雇用、留住新员工。

从微观的角度看，所谓人力资源管理，就是指对企业员工的组织、指挥和控制，使人与物保持最佳比例，以充分发挥人的潜能，提高工作效率，实现企业目标的管理活动。从宏观的角度看，就是将企业的人力资源视为最宝贵的资源，只要对人力资源实施有效的开发与管理，就能使之成为增强企业盈利能力的重要推动力。人力资源管理的基本任务，就是根据企业发展战略的要求，通过有计划地对人力资源进行合理配置，搞好企业员工的培训和开发，采取各种措施，激发企业员工的积极性，促进企业经济效益的提高。

人力资源规划的目的是预测企业的人力资源需求和可能的供给，确保企业在需要的时间和岗位上获得所需的合格人员。卓越的组织招聘和培养员工以满足这些能力要求，并始终主动地、积极地支持他们。员工的个人发展得到支持，有以下好处：共同认可的组织目标和目的；负责任的、忠诚的、积极的员工队伍；高价值的智力资本；不断提高个人的能力和绩效；使潜力变为现实；不断提高企业形象增加竞争力，最终支撑企业得以实现战略目标。

许多高绩效组织使用技能映射的方法，把组织为实现战略目标所需的技能与员工当前所拥有的技能相比较。当一个技能差距得以识别，无论是招募雇佣，还是整顿与培训，组织都能更有效地做出一个更好的决定，组织所需的员工能力和数量，包括技能、资质和职级，都会增加在合适的职位使用不恰当员工的可能性。当缺少关键员工时，组织通常无法完成其关键目标。

组织应对工作和职位进行组织、管理，促进组织内部的合作，调动员工的积极性、主动性，促进组织的授权、创新，进而提高组织的执行力。可采用的方法如：采用扁平化的组织结构，减少沟通层次，以提高运作效率；采用矩阵制的组织结构，建立联合攻关小组、六西格玛小组、跨部门QC小组、并行工程小组等跨职能团队，促进横向沟通，以减少部门间壁垒。

组织应根据长短期人力资源计划，确定员工类型和数量的需求，进行职位分析，识别所需员工的特点和技能，形成职位说明书，招聘、任用和留住员工。必要时，应对员工流失情况进行分析，并采取相应的措施。

组织应建立诸如总经理邮箱、合理化建议、网上论坛及各类座谈会等渠道，听取和采纳员工、顾客和其他相关方的各种意见和建议；采用经验交流、交叉培训、岗位轮换及网络沟通、视频会议等方法，在不同的部门、职位和地区之间实现有效的沟通和技能共享。

b）工作氛围：组织如何通过改善工作环境因素来确保并提高员工的健康、安全水平和工作效率，说明针对这些工作场所因素的绩效测量指标和改进目标是什么。如何通过广泛开展大规模群众性质量活动以提高员工的参与程度与效果。

工作氛围，是指在一个单位中逐步形成的，具有一定特色的，可以被单位成员感知和认同的气氛或环境。工作氛围分两种：一种是环境氛围，一种是人文氛围。良好的工作氛围可以使员工在安全、轻松、愉快的环境中工作，在这样的氛围下，团队的创造性和潜力得到激发，业绩就会很显著。

若未能提供一个健康安全的工作环境，可能会增加事故和疾病，降低雇员工作效率，并对员工士气和积极性产生消极影响。未明确界定绩效考核方法，为每一关键环境因素和多样化的员工群体设定目标，会增加问题，员工不能专心于工作，并不是最优状态的可能性。

组织应制定有关员工服务和福利的制度，根据不同员工群体的关键需求和期望，提供相应的服务、福利等方面的支持，并遵循《劳动法》《工会法》等法律法规保障员工的合法权益；此外，设定并评审所有影响工作环境的关键因素的目标，员工直接参与这些目标的设定；

组织可采用员工调查、访谈等方法，确定影响员工参与的因素，为员工营造主动参与的环境，鼓励员工积极参与多种形式的活动，如QC小组、合理化建议等，并提供时间和资金方面的支持。员工可以实现特殊活动和服务，这些活动和服务根据多样化的需求而有很大的差异。

c）绩效管理：组织的员工绩效系统如何支持高绩效的工作和员工聘用。绩效管理系统如何考虑员工的薪酬、认可、奖赏和激励制度，如何促进以顾客和业务为中心以及行动计划的实现。

绩效管理，是指各级管理者和员工为了达到组织目标共同参与的绩效计划制定、绩效辅导沟通、绩效考核评价、绩效结果应用、绩效目标提升的持续循环过程。

绩效管理的目的是提高员工积极性，持续提升个人、部门和组织的绩效。能使组织实现其行动计划和相关的战略目标，并促进有意义的进步和创新。

最优秀的组织会将组织绩效管理，为员工提供可测量的反馈，并将奖励、认可、报酬或其他形式的激励与高绩效目标的实现和业务重点联系到一起。未能将这些与战略目标保持一致，会使员工缺乏关注，并用自己的思想代替管理的驱动和指导。许多员工将报酬与组织想要实现的重要活动等同，例如，如果实现盈利能力对组织的成功非常关键，那么组织通常会因员工达成了财务目标而奖励员工。在这种情况下，每个人都会清楚地理解利润和预算拨款的重要性，因为这最终会跟他们的报酬和奖励联系在一起。同样的未提供奖励认可和为实现创新而支持承担智能风险的报酬，会强化以顾客为中心，强化可能引起员工保持风险规避的行动计划的成就，或者表现出认为顾客不重要的各种行为。奖励会驾驭行为，并激励人们在某些方面做出反应。

绩效管理的过程通常被看作一个循环，这个循环分为四个环节，即绩效计划、绩效辅导、绩效考核与绩效反馈。

所有层级的领导者和管理者都要求员工用有效的方法分析他们的工作，并承担智能风险，以使工作流程得到改善和创新，并将此视为工作职责中基本的一部分。关于员工绩效的反馈，被及时或定期地提供给团队或个人。反馈既包括结果反馈，也包括过程。保证绩效管理体系，会向员工提供支持，他们变成高绩效组织的能力的反馈。

总体来讲,高层领导应通过诸如战略研讨会、管理评审会、经济活动分析会和专业例会等形式,定期评价组织的关键绩效指标,确定改进和创新的重点,促进组织将追求卓越付诸行动。

d) 学习与发展:组织的学习和发展系统如何支持组织和员工的个人发展。组织如何对全体员工实施有效的职业生涯发展管理,以提高组织的持续经营能力。

通过学习增加学识、提高技能,从而获得有利于未来发展的能力。对新知识、新技能等有强烈的渴求欲望,能够主动的从中提取精粹,融入到自身并发扬光大。帮助和支持组织和员工的发展,有利于组织的核心竞争力,战略挑战长短期行动计划的实现;组织绩效改善和创新;伦理和道德的商业行为;组织人力资源的稳定;提高客户关注;来自离职和退休员工那里的知识转移;新知识和技能的强化。

如果管理者和领导者们没有充分利用恰当的教育和培训,以帮助员工实现与工作相关的发展,学习及职业发展,那么他们就会冒降低员工士气和积极性的风险,同样也会有技能老化的风险,这对工作保障和员工的受聘价值有不利影响,还会破坏组织为有效竞争而为之可行劳动力的能力,职业发展和员工开发项目能为员工提供证据,因此他们会受到组织和领导者的重视,反过来这又会增加员工的参与,从而提高生产力。

此外,如果领导者、管理者、员工们,缺乏完成工作所要求的必要技能,组织的绩效就会降低,持续性也会受到威胁。不能减少完成工作所要求的技能缺口的教育和培训,就是浪费资源;领导者、管理者与员工之间缺乏创新,会使组织很难与不断增长的顾客需求以及竞争保持同步;如果对员工培训以使他们获得新技能和能力是值得的,那么对于加强这些新技能在工作中的运用也是重要的,若没有得到及时巩固的话,很快就会过时或者遗忘,于是培训的成本以及生产力损失的成本表现在员工接受培训反而是浪费资源。

培养一个具有开放式沟通高绩效工作,员工参与特点的组织文化;给员工及领导者的发展提供教育,培训,辅导,指导等机会,需要持续的教育和培训以及能确保获得充足信息的信息系统,为了帮助员工充分发挥他们的潜力,建议采用个人发展计划为每个员工的输入做准备,为解决他们的职业和学习目标设计;为共享员工及组织知识提供机制,以确保高绩效工作可以通过员工个人与组织之间的转移得以维持;刺激员工充分利用,他们的知识技能和能力,实现所有员工的职业发展管理。

e) 员工满意:如何确定影响员工满意程度和积极性的关键因素以及这些因素对不同员工群体的影响。组织采取哪些正式、非正式的方法和测量项目与指标来确定员工满意度。

员工满意是指一个员工通过对企业所感知的效果与他的期望值相比较后所形成的感觉状态,是员工对其需要已被满足程度的感受。员工满意是员工的一种主观的价值判断,是员工的一种心理感知活动,是员工期望与员工实际感知相比较的结果。

企业的效益与员工和顾客两者有着密切联系。顾客为公司带来效益,同样员工的存在是为了企业创造效益、创造价值。想要提高企业竞争力,就先要提高员工对企业的满意度,只有满意度高、幸福感强的员工才有更强烈的工作热情与激情。

如果满意度低的员工,不仅工作没有激情、动力,服务客户的时候自身的负面情绪也会影响到客户,从而影响公司业绩,使公司蒙受损失。

组织可采用员工问卷调查、座谈等方法,确定影响员工满意程度和积极性的关键因素,如薪酬福利、劳动保护、学习机会、职位提升机会等,以及这些因素对不同员工群体的影响;

组织应通过问卷调查等方法定期调查员工满意程度,了解员工的意见和建议,并分析原因,制定改进措施,提高员工满意程度。需要时可增加针对性调查,如针对某类员工或某些方面的调查;

组织还可通过其他指标,如员工流失、缺勤、抱怨、安全及生产效率,评价和提高员工的满意程度和工作积极性。

(四)资源管理

说明组织如何管理其关键资源,如何保证这些关键资源与组织的战略一致,并被有效利用。

a）合作伙伴：组织如何确保所选择的供应商和合作伙伴不仅满足运营的需求，而且有助于提升组织绩效和顾客满意度。组织如何定期测量和评估供应商和合作伙伴的绩效，并把评估结果向供应商和合作伙伴反馈以帮助其改进。

合作伙伴关系是人与人之间或企业与企业之间达成的最高层次的合作关系，它是指在相互信任的基础上，双方为了实现共同的目标而采取的共担风险、共享利益的长期合作关系。

合作伙伴是组织的重要资源，组织应致力于与社会、供方等合作伙伴建立共赢的关系，以支持组织的使命、愿景、价值观和战略。卓越组织认识到在当今持续改善和要求越来越高的世界上，成为可能取决于他们发展的合作伙伴。他们寻找和与其组织发展合作伙伴关系。这些合作伙伴使他们能够通过优化核心能力向他们的相关方提供增加的价值。建立合作伙伴关系，有如下益处：有利于各企业间建立相互信任协作，共担责任，同享利益的观念；增强凝聚力，获得协同效应，对市场和需求能做出快速有效反应，产生一种上下呼应的机制，在竞争中确保速度；可有力实现资源共享，优势互补；可以强强合作，使核心企业平衡供应链之间的关系，将各企业单独的优势聚合成联盟体的整体优势，实现规模化效应，从而赢得强大的市场竞争力。

组织应识别与关键组织和社团建立合作伙伴关系的机会，并保持与组织的使命、方针和战略相一致；建立合作伙伴关系和供方关系以创造价值，并使价值最大化；组织应建立为顾客增值的供应链伙伴关系，识别和发挥合作的核能力，实现共同发展，确保与合作伙伴组织的文化兼容和知识共享。组织应利用合作伙伴关系，产生和支持创新性思维，在共同工作中产生协同作用，以改进过程并为顾客和供应链增值。

b）财务资源：组织如何确定资金需求，并获得当前和未来运行必要的财务资源。组织如何推进全面预算管理。组织如何加强财务风险管理，提高资金安全。组织如何加快资金周转，以实现财务资源的最优配置，提高资金的使用效率。

财务资源是指企业所拥有的资本以及企业在筹集和使用资本的过程中所形成的独有的不易被模仿的财务专用性资产，包括企业独特的财务管理体制、财务分析与决策工具、健全的财务关系网络以及拥有企业独特财务技能的财务人员等。财务资源与资本之间存在着密切的联系，但又不完全等同于资本，财务资源比资本具有更丰富的内涵。广义上的财务资源应包括财务人员素质、理财环境、财务制度、资本结构、会计信息等能影响或反映企业财力和管理水平的各要素，狭义上的财务资源管理主要指资产管理、资金管理、投资管理、筹资管理、债权债务管理、预算管理、会计信息管理等。

财务资源管理，是指对企业所拥有或控制的财务要素进行充分开发、合理配置、有效利用以实现企业价值最大化的过程。

财务资源管理是企业管理重要的组成部分并始终贯穿于企业管理的全过程。财务管理水平是企业财务资源潜力和企业财务资源配置力的综合体现，而财务资源配置力是提升财务管理水平的核心和关键。企业想要在激烈的市场竞争中求的生存，获得发展，就必须重视企业的财务管理，将企业的财务管理工作作为企业发展的战略内容来抓。可以说，企业管理水平的高低与财务管理存在必然的联系，做好财务管理工作，一方面有助于挖掘财务管理的各项职能，提高企业的经济效益以及社会效益，另一方面也能为企业的可持续发展奠定坚实的基础。

组织应制定和实施财务战略和过程，以利用财务资源支持整体方针和战略；设计财务策划和报告机制，以将财务利益相关方的期望逐级分解贯彻到组织各级；组织应建立报告机制，制定财务资源的风险管理办法，并引入组织的适用层面。

c）信息及信息技术：组织如何选择、收集、校准和整合数据和信息以监测日常运营及组织的整体绩效，说明关键的组织绩效测量指标是什么。组织如何选择和确保有效地利用关键的对比数据和信息，以支持组织的运营和决策。组织如何让员工、供应商、合作伙伴、协作者及顾客易于获得所需的数据和信息。如何确保硬件和软件的可靠、安全和用户友好。

信息，指音讯、消息、通讯系统传输和处理的对象，泛指人类社会传播的一切内容。信息技术，是主要用于管理和处理信息所采用的各种技术的总称。一切与信息的获取、加工、表达、交流、管理和评价等有关的技术都可以称之为信息技术。本条款旨在便于促进这些资源的日常使用和充分运用所有关键信息，进行有效的测量分析评审绩效，促进改进和提高组织竞争力。评估信息和数据的选择管理，利用的有效性，以支持过程、行动计划以及绩效管理过程。

如果未能恰当选择收集并整合整个组织的数据和信息来追踪日常运营，支持组织决策，追踪实现战略目标和行动计划的过程，这样的过程通常会创造一个基于直觉和猜测的环境，基于直觉和猜测的决策往往是容易变化和出错的。此外，在这样的环境中，基于直觉的决策通常是老板的直觉驱动的决定，这可能导致组织中员工的不忠诚。以这种方式做出的决策会破坏组织为促进员工动机、创新和组织灵活性而作出的努力。最后，未能整合数据和信息，可能使组织难以监控组织整体绩效。脱节、非整合的数据难以在一个可控的、易于理解的仪表盘中支持有效的决策。

组织应识别和开发信息源，建立集成化的软硬件信息系统并确保其可靠性、安全性和易用性，持续适应战略发展的需要；应有效管理知识资产，同时确保数据、信息和知识的质量。

d) 知识资产：组织如何识别并有效管理知识资产。如何收集与传递来自员工、顾客、供应商和合作伙伴的相关知识，如何在组织内部分享最佳实践。

知识资产是指企业拥有或控制的、不具有独立实物形态、对生产和服务长期发挥作用并能带来经济效益的知识。知识资产是企业创造价值不可缺少的特有资源，它既是企业知识创新的基础、又是创新产出和创新过程的调节因数，因而企业的知识资产是动态的。构建和管理知识资产，有利于提高组织的效率和有效性，并促进组织创新。

如果没有人需要知识，拥有知识，那么知识作用就不大，甚至没有一点作用，被隔离在组织角落里的知识不能惠及整个组织，除非能被转移到其他单位的员工，这同样适用于关键客户，供方和合作伙伴拥有的知识，保留知识和资源就是知识浪费，不能从辞职或者退休的长期员工身上获取和转移知识是尤其棘手的，因为他们通常拥有大量的机构记忆。

组织应收集和转移员工知识，在客户供方合作伙伴和协作者之间双向转移相关知识；共享和实施最佳实践；组装和转移相关知识，在创新和战略规划过程中的使用。因此组织应：

➢ 制定知识和信息管理战略，以支持组织方针和战略；
➢ 识别组织对内外部信息和知识的需求；
➢ 收集、整理和管理知识和信息，以支持方针和战略；
➢ 提供使内外部顾客获得相关信息和知识的渠道；
➢ 使用信息技术，以支持内部沟通及信息和知识的管理；
➢ 确保和改进信息的有效性、完整性及安全性；
➢ 培育、发展和保护独有的知识产权，以使顾客价值最大化；
➢ 有效地获取、增加和使用、共享内外部知识；
➢ 利用相关信息和知识资源，在组织内部产生创新和创造思维。

e) 自然资源：组织如何从其产品和基础设施的整个生命周期考虑所需自然资源的获得和使用存在的风险和机会，以寻求外界环境影响最小化。

自然资源：凡是自然物质经过人类的发现，被输入生产过程，或直接进入消耗过程，变成有用途的，或能给人以舒适感，从而产生经济价值以提高人类当前和未来福利的物质与能量的总称。此处指组织应根据其战略实施、日常运营的要求以及相关方需求和期望，确定和提供所必需的基础设施。

自然资源的可获得性是影响组织持续成功及满足其顾客和其他相关方要求能力的因素之一。组织应从短期、长期考虑与能源和自然资源的可获得性和使用有关的风险和机会。在产品设计和开发，及组织过程的开发中，组织应适当考虑将和整合环境保护因素，以减轻确定的风险。组织应从其产品和基础设施的整个生命周期寻求环境影响的最小化。

二、质量管理

质量管理是指确定质量方针、目标和职责，并通过质量体系中的质量策划、控制、保证和改进来使其实现的全部活动。本条款主要检查组织的质量策划过程、质量安全管理、质量基础能力建设、关键过程质量控制,以及质量改进情况。

(一)质量策划

说明组织如何根据战略识别关键过程及要求,如何根据要求对主要产品和过程进行设计,如何配置基础设置满足过程要求。组织如何在紧急情况能积极应对并快速恢复。

质量策划是质量管理的一部分,致力于制定质量目标并规定必要的运行过程和相关资源以实现质量目标,即确定质量以及采用质量体系要素的目标和要求的活动。

a)工作系统:组织如何设计和创新整个工作系统。组织的关键工作过程是什么,如何结合来自顾客、供应商、合作伙伴的输入来确定过程的要求,这些过程的关键要求是什么。

工作系统是指组织应当利用价值链分析等方法,定量或定性地分析主要产品、服务及经营全过程的关键过程,分析这些过程对赢利能力和组织取得成功的贡献,然后将那些创造最大价值的工作系统出来,列为关键过程。组织识别的关键过程要能够体现对组织发展战略的有力支撑,满足组织核心能力培育和长远目标实现的需要,还要能够满足组织当前获利能力和持续发展的需要。

组织架构是指一个组织整体的结构,是在企业管理要求、管控定位、管理模式及业务特征等多因素影响下,在企业内部组织资源、搭建流程、开展业务、落实管理的基本要素。传统组织架构主要包括以下几种:

1.直线制

直线制是一种最早也是最简单的组织形式。它的特点是企业各级行政单位从上到下实行垂直领导,下属部门只接受一个上级的指令,各级主管负责人对所属单位的一切问题负责。厂部不另设职能机构(可设职能人员协助主管人工作),一切管理职能基本上都由行政主管自己执行。直线制组织结构的优点是:结构比较简单,责任分明,命令统一。缺点是:它要求行政负责人通晓多种知识和技能,亲自处理各种业务。这在业务比较复杂、企业规模比较大的情况下,把所有管理职能都集中到最高主管一人身上,显然是难以胜任的。因此,直线制只适用于规模较小,生产技术比较简单的企业,对生产技术和经营管理比较复杂的企业并不适宜。

2.职能制

职能制组织结构是各级行政单位除主管负责人外,还相应地设立一些职能机构。如在厂长下面设立职能机构和人员,协助厂长从事职能管理工作。这种结构要求行政主管把相应的管理职责和权力交给相关的职能机构,各职能机构就有权在自己业务范围内向下级行政单位发号施令。因此,下级行政负责人除了接受上级行政主管人指挥外,还必须接受上级各职能机构的领导。职能制的优点是能适应现代化工业企业生产技术比较复杂,管理工作比较精细的特点;能充分发挥职能机构的专业管理作用,减轻直线领导人员的工作负担,但缺点也很明显:它妨碍了必要的集中领导和统一指挥,形成了多头领导;不利于建立和健全各级行政负责人和职能科室的责任制,在中间管理层往往会出现有功大家抢,有过大家推的现象;另外,在上级行政领导和职能机构的指导和命令发生矛盾时,下级就无所适从,影响工作的正常进行,容易造成纪律松弛,生产管理秩序混乱。由于这种组织结构形式的明显的缺陷,现代企业一般都不采用职能制。

3.直线—职能制

也叫生产区域制,或直线参谋制。它是在直线制和职能制的基础上,取长补短,吸取这两种形式的优点而建立起来的。目前,我们绝大多数企业都采用这种组织结构形式。这种组织结构形式是把企业管理机构和人员分为两类,一类是直线领导机构和人员,按命令统一原则对各级组织行使指挥权;另一类是职能机构和人员,按专业化原则,从事组织的各项职能管理工作。直线领导机构和人员在自己的职责范围内有一定的决定权和对所属下级的指挥权,并对自己部门的工作负全部责任。而职能机构和人员,则是直线指挥人员的参谋,不能对直接部门发号施令,只能进行业务指导。直线—职能制的优点是:既保证了企业管理体系的集中统一,又可以在各级行政负责人的领导下,充分发挥各专业管理机构的作用。其缺点是:职能部门之间的协作和配合性较差,职能部门的许多工作要直接向上层领导报告请示才能处理,这一方面加重了上层领导的工作负担;另一方面也造成办事效率低。为了克服这些缺点,可以设立各种综合委员会,或建立各种会议制度,以协调各方面的工作,起到沟通作用,帮助高层领导出谋划策。

4.事业部制

事业部制最早是由美国通用汽车公司总裁斯隆于1924年提出的,故有"斯隆模型"之称,也叫"联邦分权化",是一种高度(层)集权下的分权管理体制。它适用于规模庞大,品种繁多,技术复杂的大型企业,是国外较大的联合公司所采用的一种组织形式,近几年我国一些大型企业集团或公司也引进了这种组织结构形式。事业部制是分级管理、分级核算、自负盈亏的一种形式,即一个公司按地区或按产品类别分成若干个事业部,从产品的设计、原料采购、成本核算、产品制造,一直到产品销售,均由事业部及所属工厂负责,实行单独核算,独立经营,公司总部只保留人事决策,预算控制和监督大权,并通过利润等指标对事业部进行控制。也有的事业部只负责指挥和组织生产,不负责采购和销售,实行生产和供销分立,但这种事业部正在被产品事业部所取代。还有的事业部则按区域来划分。

5.模拟分权制

这是一种介于直线职能制和事业部制之间的结构形式。许多大型企业,如连续生产的钢铁、化工企业由于产品品种或生产工艺过程所限,难以分解成几个独立的事业部。又由于企业的规模庞大,以致高层管理者感到采用其他组织形态都不容易管理,这时就出现了模拟分权组织结构形式。所谓模拟,就是要模拟事业部制的独立经营,单独核算,而不是真正的事业部,实际上是一个个"生产单位"。这些生产单位有自己的职能机构,享有尽可能大的自主权,负有"模拟性"的盈亏责任,目的是要调动他们的生产经营积极性,达到改善企业生产经营管理的目的。需要指出的是,各生产单位由于生产上的连续性,很难将它们截然分开,就以连续生产的石油化工为例,甲单位生产出来的"产品"直接成为乙生产单位的原料,这当中无需停顿和中转。因此,它们之间的经济核算,只能依据企业内部的价格,而不是市场价格,也就是说这些生产单位没有自己独立的外部市场,这也是与事业部的差别所在。模拟分权制的优点除了调动各生产单位的积极性外,就是解决企业规模过大不易管理的问题。高层管理人员将部分权力分给生产单位,减少了自己的行政事务,从而把精力集中到战略问题上来。其缺点是,不易为模拟的生产单位明确任务,造成考核上的困难;各生产单位领导人不易了解企业的全貌,在信息沟通和决策权力方面也存在着明显的缺陷。

6.矩阵制

在组织结构上,把既有按职能划分的垂直领导系统,又有按产品(项目)划分的横向领导关系的结构,称为矩阵组织结构。矩阵制组织是为了改进直线职能制横向联系差,缺乏弹性的缺点而形成的一种组织形式。它的特点表现在围绕某项专门任务成立跨职能部门的专门机构上,例如组成一个专门的产品(项目)小组去从事新产品开发工作,在研究、设计、试验、制造各个不同阶段,由有关部门派人参加,力图做到条块结合,以协调有关部门的活动,保证任务的完成。这种组织结构形式是固定的,人员却是变动的,需要谁,谁就来,任务完成后就可以离开。项目小组和负责人也是临时组织和委任的。任务完成后就解散,有关人员回原单位工作。因此,这种组织结构非常适用于横向协作和攻关项目。

矩阵结构的优点是:机动、灵活,可随项目的开发与结束进行组织或解散;由于这种结构是根据项目组织的,任务清楚,目的明确,各方面有专长的人都是有备而来。因此在新的工作小组里,能沟通、融合,能把自己的工作同整体工作联系在一起,为攻克难关,解决问题而献计献策,由于从各方面抽调来的人员有信任感、荣誉感,使他们增加了责任感,激发了工作热情,促进了项目的实现;它还加强了不同部门之间的配合和信息交流,克服了直线职能结构中各部门互相脱节的现象。矩阵结构的缺点是:项目负责人的责任大于权力,因为参加项目的人员都来自不同部门,隶属关系仍在原单位,只是为"会战"而来,所以项目负责人对他们管理困难,没有足够的激励手段与惩治手段,这种人员上的双重管理是矩阵结构的先天缺陷;由于项目组成人员来自各个职能部门,当任务完成以后,仍要回原单位,因而容易产生临时观念,对工作有一定影响。矩阵结构适用于一些重大攻关项目。企业可用来完成涉及面广的、临时性的、复杂的重大工程项目或管理改革任务。特别适用于以开发与实验为主的单位，例如科学研究，尤其是应用性研究单位等。

工作系统旨在引导大家应用过程方法来进行管理。传统组织更多应用职能管理，而几乎所有体系都是基于过程管理来设计。

组织结构的设计是实现组织职能的前提和基础，不同类型的组织为了实现其相应的组织目标，就会进行不同的组织结构布局，这样才能实现有效的组织结构运营。组织内外的各种变化因素，都会对其内部的结构设计产生重大影响。目前，大家更关注于组织架构更好地完成目标和流程。

流程型组织是以系统、整合理论为指导，为了提高对顾客需求的反应速度与效率，降低对顾客的产品或服务供应成本建立的以业务流程为中心的组织。流程型组织是实施流程管理的重要基础。流程型组织有以下主要特点：

➢ 流程型组织是关注组织内部的各种跨部门流程的执行情况和结果，以达到顾客满意的目的。

➢ 流程型组织是根据业务有序活动的各个关键环节来配置相应人员，分配工作，通过人员之间的相互协作，将组织的投入转化为最终产出。

➢ 流程型组织是一种扁平化的组织结构，打破职能之间的隔阂，促成信息流和物流等在水平方向和垂直方向的顺畅流动。

➢ 流程型组织以组织的各种流程为基础来设置部门，决定人员分工，在此基础上建立和完善组织的各项职能。

➢ 流程型组织是以流程为中心的组织，以区别于传统的职能组织。

➢ 从业务流程需要出发，从根本上来重新组织企业活动，并最终围绕流程重新设计其组织的结构，产生新型的以流程为中心的组织，即基于流程的组织。

➢ 基于流程的组织是以业务流程为主，以职能服务中心为辅助的一种扁平化的组织。

流程型组织是以系统、整合理论为指导，为了提高对顾客需求的反应速度与效率，降低对顾客的产品或服务供应成本建立的以业务流程为中心的组织。

b) 过程设计：组织如何设计关键过程以满足所有关键要求，如何将新技术、组织知识资产、产品优势、顾客价值以及对灵活性的潜在需求融入到工作过程设计中。

过程是"一组将输入转化为输出的相互关联或相互作用的活动"，产品是"过程的结果"，服务也是"过程的结果"，而程序则是"为进行某项活动或过程所规定的途径"。

"关键的少数和次要的多数"帕雷托原理明显地体现在产品功能特性上，即产品关键的少数特性对产品的适用性有重大影响，而另外的多数特性则影响较小。这就给人们以启示，在产品的研制与生产过程中，应对其关键的少数特性加以重点控制。质量形成于过程，识别产品形成的各个过程，尤其是关键过程，并对这些过程加以控制更为重要。

在组织设计关键过程时，将质量、安全、周期、生产率、节能降耗、环境保护、成本和其他有效性和效率的因素融入到这些过程的设计中去，并有效利用来自顾客、供应商和相关方的相关信息，有利于组织与相关方协同。

组织应根据所确定的过程要求，进行过程设计，包括应对突发事件的应急响应系统的建立。在过程设计中，组织应有效利用新技术和组织的知识，如：新工艺、新材料、新设备、新方法和信息技术，组织积累的技术诀窍、管理经验等；考虑未来可能的变化，具有前瞻性地提出预案或预留接口，使过程具有适应内外部环境和因素变化的敏捷性，即当顾客要求和市场变化时能够快速反应。如：当一种产品转向另一种产品时，产品实现过程能够快速地适应这种变化。综合考虑质量、安全、周期、生产率、节能降耗、环境保护、成本和其他有效性和效率的因素，将对关键过程的要求转化为关键绩效指标，这些指标应是可测量并量化的。

当过程试运行达不到要求和（或）过程要求发生变化时，应进行过程评价和改进，需要时进行过程的重新设计。

组织可以通过分析行业的价值链和企业的价值链,结合分析组织的核心竞争力来识别组织的关键过程。在识别关键过程时,还需要考虑许多因素如产品和服务的特性、生产与交付方式、技术要求、与顾客和供应商的关系、外包、研究和开发对组织成功的重要性、技术的获取、信息和知识的管理、供应链管理、收购和兼并、全球业务拓展、销售与市场等。

c) 应急准备:组织如何确保在灾害或紧急情况下工作系统和工作场所有足够的应急准备,组织的灾害和应急准备系统如何考虑预防、管理、经营的持续性、恢复等要求。组织如何将战略供应商和合作伙伴纳入到灾害和应急准备系统进行考虑。

应急准备是针对可能发生的事故,为迅速、有序地开展应急行动而预先进行的组织准备和应急保障。不管是人为的还是自然的灾害和突发状况都会显著的破坏运营、增加成本、并且严重影响客户和员工的满意度和参与度。努力确保紧急情况下运营的连续性,来减少这些中断是很有必要的。

组织应建立一个正式的流程,来对紧急情况和灾害情景进行分析和计划;记录灾害和紧急情况,并且与相关的公共组织和私人组织进行协调;对紧急情况恢复计划进行记录和测试,对员工进行培训,并且员工了解他们将遵循的流程;进行模拟和测试来加强应急响应系统,并确定弱点。纠正措施有利于把危机中员工和客户的风险降到最小。开发恢复程序,以及其他组织成功处理危机的经验为标杆,以确保能力和运营问题完全解决(考虑泰诺和埃克森从伦理和公共责任的角度的响应)。

组织应根据行业实际,识别和评估可能对安全、健康、环境和运营(包括信息系统)造成显著影响的潜在突发事件(如:火灾、爆炸、洪水、地震、台风及流行性传染病等等),建立相关应急预案和在可行时定期演练的计划,以确保当突发事件发生时,能够启动应急预案,规避风险、减少危害。组织还应系统地考虑灾前预防准备,灾中应急响应、评估和处置管理,以及灾后恢复;在确保安全、健康和环境的前提下,确保运营的连续性,以尽快恢复运营。

d) 质量安全:组织如何建立健全质量安全责任体系。组织如何培养质量诚信意识、建立质量诚信管理相关制度,如何定期发布质量信用报告。组织如何执行重大质量事故主动报告制度,如何履行质量担保责任、缺陷产品召回等法定义务。

产品质量是指产品满足用户使用要求所应具有的特性。不同产品的特性各不相同,衡量产品质量要有一个统一的尺度,即产品的质量标准,或称技术标准,其是产品质量主要特性应该达到的具体要求。在我国市场经济日益发展的今天,产品质量越来越成为和国家,企业和每一个公民的息息相关的话题。

对于一个国家来说,如何保证国家产品安全,特别是食品安全,是关系国家稳定和公民生命安全的大事,同时保证一个国家的产品安全也是提高国家声誉,维护国家形象的重要方面;对于一个企业来讲,产品质量更是关系着企业发展命脉的首要方面,如何提高自身产品质量,对于企业的盈利与发展都至关重要,更决定着企业能否在市场经济中立足,纵览国内优秀的企业;而从公民个人的角度出发,产品质量更是关系到每个家庭的生命与身体健康。

组织应严格对产品质量把关,建立产品质量监督体系以及质量安全责任体系。

e) 质量能力建设:组织如何根据战略实施计划和过程管理的要求提供基础设施。组织如何制定并实施基础设施的预防性和故障性维护保养制度,提升设备综合效率。组织如何建立和完善计量体系,不断提升计量检测能力和水平。组织如何建立和完善售后服务与技术支持体系。

基础设施是指企业在生产、经营过程中所用到的设备、设施。关注基础设施,就是对企业进行设备规划。设备规划是指根据企业经营战略、目标,考虑生产发展和市场需求、科研、新产品开发、节能、安全、环保等方面的需要。设备规划也是过程策划的重要输出,即围绕战略制定长期设备规划,围绕过程策划去优化设备配置。它是企业生产发展的重要保证和生产经营总体规划的重要组成部分。

设备属于经济资源,也可称为企业的生产要素。从经济学视角看,决定劳动生产率高低的主要因素有生产资料的性能和规模、生产过程的组织和管理、劳动者的平均熟练程度,以及自然条件与环境影响等。企业要实现利润最大化,就必须优化配置设备资源。

组织通过设备规划，企业可以提高设备综合效率，同时在使用过程中加深对设备的理解，进而在设备更新改造时可以保持设备先进性。现在国内传统观点并不注重设备规划，而是片面追求设备先进性，忽视了其使用效率，造成了资源和设备的浪费和生产的低效。

组织应根据战略实施计划和过程管理的要求，提供满足产能、质量、成本、安全、环保等各方面要求的基础设施。建立故障性和预防性维护保养制度。根据企业的行业特点和自身条件，处理好专业维护保养和操作者维护保养之间的关系，制定科学合理的测量指标，保证基础设施的状态完好。根据战略目标和长短期实施计划以及日常过程管理的要求，制定和实施更新改造计划，不断提高基础设施的技术水平。根据基础设施的关键失效模式，制定预案，防止由于基础设施的失效带来的环境、职业健康安全和资源利用方面的问题。

（二）质量控制

说明组织如何通过系统安排及统计技术的应用，提升过程效率和有效性。

为达到质量要求所采取的作业技术和活动称为质量控制。这就是说，质量控制是为了通过监视质量形成过程，消除质量环境上所有阶段引起不合格或不满意效果的因素。以达到质量要求，获取经济效益，而采用的各种质量作业技术和活动。

a）管理体系：组织如何在过程管理中使用相关体系标准，有效实施质量、环境、职业健康、能源、计量体系等管理体系并获得认证。组织如何优化和整合不同的管理体系，提升过程效率和有效性。

管理体系指建立方针和目标并实现这些目标的体系。管理体系主要特征包括：计划性、目标性、整体性、关联性、有序性。

建立一体化管理体系是提高企业管理水平的需要。全球经济一体化，特别是中国加入WTO以后，企业需要通过认证的体系越来越多，各种体系之间的接口，各要素之间的协调，随着时间的动态变化，会越来越复杂，矛盾会越来越多，解决会越来越困难。

以卓越绩效模式为指引，以过程为基础，以标准化推进为手段，以质量管理体系为主线，整合相关要求，形成综合管理体系文件。

（1）从过程入手，建立管理制度平台、各体系只需建立体系管理制度清单；

（2）减少红头文件，便于检索和管理；

（3）减少文件层次，避免交叉和冲突；

（4）整合记录——检查、测量标准化，减少临时、盲目检查。

b）标准化：组织如何建立和完善标准体系和标准化工作体系，如何策划积极参与国际、国家、行业标准化工作。

标准化是指在经济、技术、科学和管理等社会实践中，对重复性的事物和概念，通过制订、发布和实施标准达到统一，以获得最佳秩序和社会效益。公司标准化是以获得公司的最佳生产经营秩序和经济效益为目标，对公司生产经营活动范围内的重复性事物和概念，以制定和实施公司标准，以及贯彻实施相关的国家、行业、地方标准等为主要内容的过程。标准化，包括制定、发布及实施标准的过程。

我国现行的产品质量标准，从标准的适用范围和领域来看，主要包括：国际标准、国家标准、行业标准（或颁布标准）和企业标准等。

标准化的重要意义是改进产品、过程和服务的适用性，防止贸易壁垒，促进技术合作。当今国际上流行一种新的理念，即"三流企业卖苦力，二流企业卖产品，一流企业卖专利，超一流企业卖标准"。这句话深刻地揭示了当今世界群雄纷争的游戏规则，谁制定标准，谁就是强者和赢家。

标准化的好处在于好管理，形象统一，让客户能看到区别于其他同行的标志，对于内部而言，标准化可以提高生产和作业效率，减少用工人数，降低人工成本。同时，企业坚持标准化也可以为其他企业制定标杆，成为行业的领头羊。

如果不进行标准化，则市场上的产品难以进行统一标准的规范。对企业来说，不进行标准化则会造成产品和服务混乱,使生产效率降低,人工成本增加。

根据世界各国的经验,企业标准化工作要攀登三个台阶,要走"三步曲":

> 制定好能确切反映市场需求,令顾客满意的产品标准;
> 建立起以产品标准为核心的有效的标准体系;
> 把标准化向纵深推进,运用多种标准化形式支持产品开发。

组织应制定好能确切反映市场需求,令顾客满意的产品标准。保证产品获得市场欢迎和较高的满意度,解决占领市场的问题。组织应建立起以产品标准为核心的有效的标准体系,保证产品质量的稳定和生产率的提高,使企业能够占稳市场。

c) 过程控制:组织如何确保组织的日常运作能满足关键的过程要求,用于控制和改进工作过程的关键绩效测量项目、指标以及实时测量项目是什么。

过程控制指为确保生产过程处于受控状态,对直接或间接影响产品质量的生产、安装和服务过程所采取的作业技术和生产过程的分析、诊断和监控。它的作用在于对生产过程的质量控制进行系统安排,对直接或间接影响过程质量的因素进行重点控制并制定实施控制计划,确保过程质量。

卓越的组织能够确保过程的日常运行满足关键过程的要求,具备持续满足关键绩效要求的能力。他们通过识别关键过程、有规律地控制和改进来完成这一工作关键过程在为组织、股东、顾客等创造价值的同时,其整体成本将是影响组织赢利能力的关键。因此,组织应当系统分析每一关键过程的成本构成,利用来自顾客、供方和其他相关方的信息,及时对过程进行调整,并应用质量成本管理、价值工程等方法,优化关键过程的整体成本。

未能确保与过程要求一致性的日常运营,增加了产品和服务以及过程缺陷的可能性,这样将导致返工、浪费、延迟和过高的成本。

精益生产方式的核心思想在于"消除浪费、强调精简组织机构"和"不断改善",追求至善至美。精益生产方式首先是一种生产管理技术,它总把现有的生产方式看作改善的对象,不断追求进一步降低成本、减少浪费、质量完美、产品多样化等目标,从而大幅度减少生产闲置时间和作业切换时间、加强生产的连贯性缩短生产周期、降低库存、提高产品品质、精简人员,使企业能够快速应对市场变化。精益生产方式不仅是先进的制造技术,同时也是一种是科学的企业组织管理方法。精益生产方式绝不是简单的企业内部管理某环节或者某局部的调整完善,而是从管理意识、管理组织、管理制度、管理标准、管理方法、管理手段以至管理行为的全面系统的变革,使企业生产管理实现由量变到质变的飞跃。因此,精益生产管理是一种以客户需求拉动为导向、以消除浪费和不断改善为核心、使企业以最少的投入获取最低成本,以效益显著改善为特征的全新的生产管理模式。

在实际生产过程中,过程质量控制就是在生产的各个环节中,工艺、机加、装配、检验人员能过设计优化、技术改进、精密检验等一系列技术手段将产品的质量缺陷与不确定因素减少到最小程度。质量是企业的根本,如何搞好质量管理,关系到企业的前途与未来。因此,过程质量控制成为了制造技术最基本、最普遍、最常用的手段之一。

d) 成本控制:组织如何预防缺陷、服务差错和返工。组织如何控制运营的总成本,如何平衡成本控制和客户需求。

成本控制是企业根据一定时期预先建立的成本管理目标,由成本控制主体在其职权范围内,在生产耗费发生以前和成本控制过程中,对各种影响成本的因素和条件采取的一系列预防和调节措施,以保证成本管理目标实现的管理行为。质量成本控制是通过各种措施、手段达到质量成本目标的一种管理活动。它是实施质量成本管理的重要手段,也是完成质量成本计划实现降低成本目标的保证。

科学地组织实施成本控制,可以促进企业改善经营管理,转变经营机制,全面提高企业素质,使企业在市场竞争的环境下生存、发展和壮大。

成本控制的过程是运用系统工程的原理对企业在生产经营过程中发生的各种耗费进行计算、调节和监督的过程,也是一个发现薄弱环节,挖掘内部潜力,寻找一切可能降低成本途径的过程。

e) 统计技术:组织如何运用适当的统计技术控制和管理关键过程,使之稳定受控并具备足够的过程能力。

统计技术是指收集、整理和分析数据变异并进行推论的技术。在 2000 年《质量管理体系基础和术语》中认为"使用统计技术可帮助组织了解变异,从而有助于组织解决问题并提高效率和效益,这些技术也有助于更好地利用可获得的数据进行决策。"

科学合理又行之有效的企业统计工作制度的确立,对企业的发展起着重要的作用。无论是质量管理,还是企业的日常运行,都需要使用统计技术。应用统计技术可以更加科学合理地评估产品的质量和体系的有效性。2000 版 ISO9000 族标准也明确将"统计技术"提升为质量管理体系的"基础",可见统计技术在产品质量管理中是否被恰当应用,将成为质量管理成败的关键。

在全面质量管理体系中,不使用统计技术,质量体系就不会有效运行,更无法提高产品质量。当前在我国企业统计的应用中,普遍存在着工作状态滞后、计算机应用软件开发能力不足、统计人员配置不合理、企业统计研究水平的提高与企业经营者的预期效果不一致等诸多问题。针对这些问题,应针对企业具体管理水平所处的不同层次选择不同的统计工具,切实加强企业统计在企业中的应用。

统计技术可以起到通过数据反映事物特征、比较事物间的差异、分析事物间的关系及影响事物发展变化的因素、通过分析数据发现质量问题等作用。

统计技术方法是多种多样的,主要有以下几种体系:

QC 活动老 7 种工具:调查表(也叫检查表、校对表、数据采集表);分层法(分类法、分组法);直方图;控制图(管理图、休哈特图);排列图(主次图、帕累托图、ABC 分析法);因果图(石川图、特性要因图、鱼刺图);散布图(相关图)。

QC 活动的新 7 种工具:关系图法;亲和图;系统图法;矩阵图法;矩阵数据分析法;PDPC 法;箭头图法。

ISO/TC10017《统计技术在 ISO9000 质量管理体系中应用指南》提到 13 种工具,分别是:描述统计;实验设计;假设检验;测量分析;过程能力分析;回归分析;可靠性分析;抽样;仿真;统计过程控制图(SPC);统计公差;时间序列分析。

TS16949 5 大工具:APQP&CP 产品质量先期策划与控制计划;FMEA 潜在失效模式及后果分析,主要分两种:设计(产品)潜在失效模式与后果分析—DFMEA,过程潜在失效模式与后果分析—PFMEA;PPAP 生产件批准程序;SPC 统计过程控制;MSA 测量系统分析。

(三)质量改进

说明组织如何评价过程的效率和有效性,并制定改进计划,说明组织如何通过关键质量攻关,提升过程能力,推进组织改进和创新。

质量改进是为向本组织及其顾客提供增值效益,在整个组织范围内所采取的提高活动和过程的效果与效率的措施。现代管理学将质量改进的对象分为产品质量和工作质量两个方面,是全面质量管理中所叙述的"广义质量"之概念。

质量改进是质量管理的一部分,它致力于增强满足质量要求的能力。当质量改进是渐进的并且组织积极寻找改进机会时,通常使用术语"持续质量改进"。质量改进的对象是产品或服务质量以及与它有关的工作质量。质量改进的最终效果是获得比原来目标高得多的产品(或服务)。

a) 过程评价:组织如何评价关键过程实施的有效性和效率,推动过程的改进和创新,使关键过程与发展方向和业务需要保持一致。

过程管理中的评价包括了过程管理实施过程中全生命周期的评价,它不同于目前研究较多的企业绩效评价。两者既有联系又有区别,虽然两种评价的最终目的都是为了提升企业绩效水平和增强企业竞争能力,但其在着眼点、评价内容和评价性质等方面有所差异。

过程管理中的评价关注企业的业务过程,通过提升业务过程的绩效来提升企业的绩效,它不仅对实施过程管理后获取的最终过程绩效进行评价,同时对如何获得这一绩效进行跟踪评价,在反映"是什么"的同时,也回答了"如何是"。从对评价的分类来看,过程管理中的评价包括了事前、事中和事后评价,而企业绩效评价则侧重于事后评价,主要是为下一阶段的工作做指导。

评价在过程管理中很重要,它遍布于过程管理的各个阶段,及时、有效的评价将有助于过程管理的成功实施和应用。如果组织不进行过程评价,就无法在出现问题时及时发现问题,从而进行恰当的弥补和改进。在组织的运作过程中,没有评价就无法保障过程的顺畅运行。

b) 优先次序:组织如何利用业绩和感知结果以及学习活动中所获得的信息,识别和优选改进机会,选择实施改进的适当方法。

在组织一系列以实现目标为依据的待办事项之中,应按事情的"重要程度"编排行事的优先次序。所谓"重要程度",即指对实现目标的贡献大小。对实现目标越有贡献的事越重要,它们越应获得优先处理;对实现目标越无意义的事情,越不重要,它们越应延后处理。简单地说,就是根据"我现在做的,是否使我更接近目标"的这一原则来判断事情的轻重缓急。

组织确定优先次序的原因主要有以下几点:一是组织承担的项目开发课题因不同的背景会提出很多,项目成果会解决不同的问题,均执行下去需要投入大量的资源,包括人力物力;二是组织的资源往往是有限的,如没有太多的专业人才,或者没有太多的财务资源,或者等不及太长的开发时间;三是如果集中有限的资源,就可以在适当的时间内解决掉需要优先解决的问题,实现组织的目标;四是判断优先级一般会结合组织的战略目标,平衡资源与影响目标实现的紧急程度确定出优先顺序。

c) 质量攻关:组织如何开展重大质量改进和技术改造项目攻关,解决行业共性质量难题,促进组织及行业质量技术进步。

质量攻关是针对一些重点质量问题采取集中优势资源去聚焦处理,使产品满足质量要求;某些性能没有达到质量要求,要努力实现,是质量管理的一部分,它致力于增强满足质量要求的能力。

质量攻关是企业质量管理工作的一个重要而又迫切的任务,也是关系到企业能否生存、如何生存的大事。组织面临着动态的外部环境,顾客与其他相关方的需求也会随着时间的推移发生改变,组织需要不断进行质量攻关,解决质量难题,才能跟上社会的发展,人们日益变化的需求,促进组织及行业质量技术进步,促使企业永葆竞争力。

质量攻关的方法包括渐进式的持续改进和变革式的突破性改进。为了达到更好的过程绩效和减少波动性,组织可以实施很多方法,组织可通过全员参与改进与重大质量攻关来进行改进。

全员参与质量管理最常见的方法是QC小组。产品质量是企业活动的各个环节、各个部门全部工作的综合反映。企业中任何一个环节、任何一个人的工作质量都会不同程度地、直接或间接地影响产品质量。因此必须把企业所有人员的积极性和创造性充分调动起来,不断提高人员的素质,人人关心质量问题,人人做好本职工作,才能生产出用户满意的产品。

开展重大质量创新改进和技术改造项目攻关,解决了行业共性质量难题。质量攻关是由企业员工广泛参与、以解决企业生产实践中具体质量问题,围绕改进生产技术和工艺、研发科技新成果、降低产品不合格率、减少生产成本、提高劳动生产率、降低资源能源消耗、安全生产等内容开展的群众性质量活动。质量攻关来源于QC小组活动。为进行重大质量公关,解决发生在不同层次、影响程度和难度各异的问题,应由各层次员工参与、有针对性地应用适宜的方法,进行改进和创新。如员工合理化建议和QC小组活动;开展六西格玛管理、业务流程再造等。

d) 成果分享:如何确保改进后的过程得到有效控制,并取得预期结果。工作过程的改进和经验如何与其他的组织单元和过程分享,以推动组织的学习和创新。

成果分享指工作过程的改进和经验如何与其他的组织单元和过程分享。为组织各部门解决同类问题提供方法,整体推动组织的学习和创新。

组织应对改进成果进行科学、全面的评价,分析其对盈利能力和实现组织战略目标的贡献,建立符合组织自身特点的激励政策;在各相关部门、过程中分享方法的改进和创新,推广改进的成果,使改进活动步入良性循环。

三、创新管理

创新管理以组织结构和体制上的创新,确保整个组织采用新技术、新设备、新物质、新方法成为可能,通过决策、计划、指挥、组织、激励、控制等管理职能活动和组合,为社会提供新产品和服务。管理的创新是社会组织为达到科技进步的目的,适应外部环境和内部条件的发展变化而实施的管理活动。

(一)创新决策

说明组织如何持续优化创新机制,说明组织如何评价创新决策是否高效,是否与战略匹配,投资资源是否有效分配。

决策是在不断变化的内部、外部环境条件下,为变革现状和开创未来,树立新目标和采用新方法与措施的活动,其实质是一种创造性的活动。决策创新的主要方面体现在围绕企业经营管理的长远目标对人、财、物的合理配置上。

a)决策机制:组织如何设定决策程序,确定决策标准,建立决策团队。

决策机制是创新机制体系的核心,它是在市场经济下,为谋求创新主体、创新客体、创新载体、创新媒体的协调,成果的显示进行系统决策的方式。包括创新内容决策、创新投入决策、实施方案决策等。

开发新产品不仅有利于企业的成长、进步和竞争力的提高,而且也使企业与社会、自然环境的适应能力大大提高,因此,要使企业成为"百年老店",必须要充分把握时机开发新产品。

企业应当把研发当成一个投资。研发是企业投入一定的人力、财力,以期获得新技术、新产品,从而提高企业效益,促进企业生存和发展的经济活动。在这一过程之中,企业需要一定的成效作为这一投资过程的汇报。这就要求企业在研发的过程中,每一笔投入都应当按照投资的角度去审视其可行性,同时在研发投入之后,也应当按照投资的标准去经营这笔投入。

企业应保证产品研发方向与战略匹配,不仅要聚焦技术层面的研发过程,还要从战略的层面研究企业的经营管理。将开发作为一项投资决策,就要求新产品必须满足市场的需求。在此基础之上,通过产品的销售为企业带来回报与利润,以达到投资盈利的目的。

很多企业主要由企业研发部门主导创亲的,这很容易造成闭门造车,以技术为主与市场脱节。另外,如何不把研发当成一项投资,往往造成资源配置不当,甚至造成企业出现重大研发投入资金断裂,研发投入的持续性遭到破坏。

组织应形成开发决策的机制,包括对决策点的把握、研发与战略匹配、资源配置的要求等。组织在构建创新决策机制过程中,必须确保决策主体到位,即始终有人能对创新有关的问题做出决策,避免因为推诿而延误整个创新过程,必须确保决策的有效性,即有关决策必须能够得到切实有效的最终执行。

b)支持系统:组织如何建立决策支持系统。

决策支持系统是管理信息系统应用概念深化,在管理信息系统基础上发展起来的系统。决策支持系统的一个经典的定义是:决策支持系统通过结合个人的智力资源和计算机的能力,来改进决策的质量,是一个基于计算机的支持系统,服务于处理半结构化问题的管理决策制定者。

现代企业决策者面临的主要问题是:对决策问题中的风险进行科学的分析并采取有效的方法来降低或消除这些风险;对冲突的多种目标进行科学全面的权衡,从可行的方案中选出满意的决定。计算机决策支持系统正是一种帮助决策者进行分析问题与辅助决策的工具,可帮助人们收集与处理信息、构思与设计方案、分析与比较方案、降低或消除面临的风险,最后做出正确的选择夺取机遇,从而赢得成功。

企业决策支持系统始终是支持决策过程中的分析和判断,而不是代替人去决策,其作用体现在企业决策的3个阶段:①情报收集和分析阶段:实际上,这是一个问题或机会的识别过程。对企业来说,赢利、为社会服务及减少风险都是机会,而问题可分为涉及产品和服务需求的、涉及生产率等企业绩效和企业风险的。企业决策支持系统可为该识别过程提供如下功能:一是收集和存储与企业活动有关的各种数据;二是计算处理并检索有关可能出现的问题和机会的数据;三是向决策者提供有关机会与问题的报告,并进行早期预报。②决策方案设计过程:企业决策支持系统对提出、完善、分析可能出现的行动路线提供支持,其中包括:一是辅助理解问题,即为问题或机会建立一个合适的模型;二是辅助求解,即求解模型,产生若干方案;三是测试求解的可能性,即根据企业的、市场竞争的、社会的环境,对求解的可能性进行测试。(3)抉择阶段:该阶段是企业决策者依据自己的经验、智慧和才能进行判断的过程。企业决策支持系统可以完成以下功能:首先,对备选方案进行排队;其次,根据一定的准则来辅助抉择方案。

在一个不断发展的市场经济环境下,各企业间在外部资源条件方面的差异将越来越小,真正的竞争优势将越来越集中于企业内部的知识和智力资源。如果能够成功地建设企业自己的决策支持系统,提高企业的经营决策质量和效率,就能在竞争中把握主动,争得先机。

决策的进程一般分为4个步骤:

➤ 发现问题并形成决策目标,包括建立决策模型、拟定方案和确定效果度量,这是决策活动的起点;

➤ 用概率定量地描述每个方案所产生的各种结局的可能性;

➤ 决策人员对各种结局进行定量评价,一般用效用值来定量表示。效用值是有关决策人员根据个人才能、经验、风格以及所处环境条件等因素,对各种结局的价值所做的定量估计;

➤ 综合分析各方面信息,以最后决定方案的取舍,有时还要对方案做灵敏度分析,研究原始数据发生变化时对最优解的影响,决定对方案有较大影响的参量范围。

决策往往不可能一次完成,而是一个迭代过程。决策可以借助于计算机决策支持系统来完成,即用计算机来辅助确定目标、拟定方案、分析评价以及模拟验证等工作。在此过程中,可用人机交互方式,由决策人员提供各种不同方案的参量并选择方案。

决策支持系统基本结构主要由四个部分组成,即数据部分、模型部分、推理部分和人机交互部分:数据部分是一个数据库系统;模型部分包括模型库(MB)及其管理系统(MBMS);推理部分由知识库(KB)、知识库管理系统(KBMS)和推理机组成;人机交互部分是决策支持系统的人机交互界面,用以接收和检验用户请求,调用系统内部功能软件为决策服务,使模型运行、数据调用和知识推理达到有机地统一,有效地解决决策问题。

c) 决策授权:组织如何进行决策授权。

授权(Authorization)是指上级把自己的职权授给下属,使下属拥有相当的自主权和行动权。授权具有4个特征:首先,其本质就是上级对下级的决策权力的下放过程,也是职责的再分配过程;其次,授权的发生要确保授权者与被授权者之间信息和知识共享的畅通,确保职权的对等,确保受权者得到必要的技术培训;三是授权也是一种文化;四是授权是动态变化的。

随着组织的壮大,会有越来越多的部门和人员,决策难以通过最高层做出或者高层管理者不堪重负,导致组织做事程序冗杂,效率拖沓缓慢。

决策授权有以下好处:一是明确组织成员之间的关系;二是使领导者能够腾出时间处理领导活动中最重要的问题;三是为被领导者提供培养和锻炼工作能力的机会,有利于不断充实各级领导人员;四是能够提高决策的效率;五是能够提高企业组织成员的士气,增加员工的工作动力。

组织在授权时应注意:对下属的授权应当分工明确;不要对完成任务的方法提出要求;允许下属参与授权的决策;使其他人知道授权已经发生;对接受授权员工进行监督和控制。

d) 决策评审:组织如何设立创新决策评审点,如何确保创新决策与战略匹配,以及如何确保投资资源有效分配。

决策评审是集成产品开发管理团队(IPMT)管理产品投资的重要手段,在决策评审中,IPMT始终站在投资商的角度进行评审;集成产品开发(IPD)流程中包括了4个主要的决策评审点:概念决策评审、计划决策评审、可获得性评审、生命周期结束评审。决策评审点使得IPMT为确保产品开发团队(PDT)提供了一致的方向,同时也设置了监控项目进展的测评点及边界范围。

IPD决策评审强调评审基于市场的创新,把正确定义市场需求、明确业务概念作为流程的第一步,着眼于一开始就把事情做正确,并且在业务的整个生命周期都从客户的需求出发制定有关计划。对新业务的开发进行分阶段的评审、分阶段的投入资源,从而提高业务开发成功率,减少因业务开发时造成的损失。

(二)创新需求

创新驱动发展需坚持市场需求导向。

a)信息收集:组织如何建立需求收集渠道,充分挖掘客户真实需求。

顾客需求是指顾客的目标、需要、愿望以及期望。信息收集是指通过各种方式获取所需要的信息。信息收集是信息得以利用的第一步,也是关键的一步。

通过顾客洞察可以帮助企业做到对客户数据的全面掌握,以及在市场营销与客户互动各环节的有效应用。需求的收集与挖掘主要通过数据管理和客户分析两方面展开。开发需求的目的在于通过重点关注与挖掘客户的真实需求,将顾客需求转化为产品的需求。

组织创新如果与市场脱节,不能准确捕捉顾客的需求,导致产品陈旧,市场竞争力减弱,份额丢失。

组织应通过问卷调查、顾客访谈和反馈等方法,了解不同顾客群的需求、期望和偏好,以及这些需求、期望和偏好的相对重要性或优先次序,重点考虑那些影响顾客偏好和重复购买的产品和服务特征,包括组织的产品和服务与竞争对手相区别的特征,诸如质量特性、可靠性、性价比、交付周期或准时交付、顾客服务或技术支持等;应根据组织实际,考虑针对不同的顾客、顾客群和细分市场采取不同的了解方法,例如:对经销商和终端顾客采用不同的调查问卷。

组织应收集当前和以往顾客的相关信息和反馈,包括市场推广和销售信息、顾客满意和忠诚的数据、顾客赢得和流失的分析以及顾客投诉等,建立顾客档案或知识库,以用于产品和服务的设计、生产、改进、创新以及市场开发和营销过程,并强化顾客导向、满足顾客需要和识别创新的机会。

组织应定期评价了解顾客需求和期望的方法,并对这些方法的适用性、有效性进行分析和改进,使之与发展方向和业务需要保持同步,并适应市场的变化。

b)需求转化:组织如何系统性的进行需求分析,将客户需求转化为产品需求。

将客户需求转化为产品需求常见作法是 QFD 法(Quality Function Deployment,质量功能展开),也称质量功能配置、质量机能展开或质量功能部署。

一个典型的 QFD 流程一般包括以下 8 个步骤:一是通过运用产品规划矩阵,发掘顾客的产品需求、或者是这些需求表现出来的技术特征;二是通过顾客需求,形成产品概念;三是运用概念选择矩阵,对产品概念进行评估,选择最佳概念;四是将系统概念或结构分割为次级系统结构,并将顾客的高级需求及其需求的技术特征分配给这些分割开的次级系统结构;五是通过运用零部件展开矩阵,将次级系统需求转化为低级的产品/零部件需求和属性;六是对于关键的零部件,将产品/零部件属性转化为制造操作流程规划;七是确定这些零部件的生产流程;八是根据以上这些步骤,确定生产组织结构需求,流程控制以及质量控制,从而确保合格制造出这些关键性的零部件,或者说满足零部件属性的需求。

开发需求的意义在于使产品更加贴合客户的实际需求,防止产品功能与客户对产品的功能需求脱节,为后期产品实物投放市场打好基础。通过对顾客需求的调查与分析,企业生产出的新产品更加贴近市场对此类产品的实际需求。而满足了市场需求的新产品,才是产品技术创新的优势所在,即更有竞争力和市场。

c)需求管理:组织如何对需求进行端到端的管理。

需求管理就是营销管理,指需要帮助企业以达到自己目标的方式来影响需求的水平、时机和构成,是完整管理模式中的一环,同其他特性诸如完整性、一致性等不可分割,彼此相关而成一体。需求管理有利于企业确知:我们确知客户的需求是什么,以及满足客户需求的最佳解决办法。

需求是一种模型,是产品的早期雏形,通过进行需求分析,我们可以对最终产品做出优化。需要始终保持注意的是,需求性是始终处于变化之中的。需求管理需要完成的任务包括:

> ➢ 明确需求并达成共识；
> ➢ 建立关联；
> ➢ 根据不同需求设计相应解决办法；
> ➢ 进行系统优化；
> ➢ 提出设计方案；
> ➢ 监控和解决可能出现的问题以及需要做出的改变；
> ➢ 控制不同开发任务的开展；
> ➢ 对最终产品做出评测；
> ➢ 监控可能出现的重复开发；
> ➢ 提出项目实施时间表；
> ➢ 确定最终用户界面。

d) 产品规划：组织如何规划产品路线，如何制定、整合、管理业务计划。

产品规划是指产品规划人员通过调查研究，在了解市场、了解客户需求、了解竞争对手、了解外在机会与风险以及市场和技术发展态势的基础上，根据公司自身的情况和发展方向，制定出可以把握市场机会，满足消费者需要的产品的远景目标(Vision)以及实施该远景目标的战略、战术的过程。

产品规划的内容包括产品各类别结构规划，产品系列化规划，各机型定位规划，产品长度和宽度规划，产品生命周期规划等。

产品规划是确定"做正确的事"，是公司战略落实到产品战略上的具体体现。产品规划将确立公司应该主打的细分市场、从事的项目组合，什么时候从事什么项目等。产品规划过程通过整合各个部门的意见，对公司的产品战略、产品平台、产品路标做出准确的定位，从而确保公司的市场地位及长期的发展战略，通过正确的产品在正确的时间推向市场的过程中得以实现。产品规划是由市场、销售、开发等部门组成的产品规划团队做出的，是保障"做正确的事"，而IPD流程是指导PDT团队如何去"正确的做事"。先有产品规划，后有PDT的项目实施。产品规划正确了，PDT做事才会产出成果，产品规划错误了，PDT所做的将会是无用功。做正确的事比正确的做事在市场竞争激烈、客户需求多变的时代显得更为重要。

产品规划的过程一般分为以下几个步骤：一是理解市场；二是明确细分市场目标；三是市场组合分析；四是制定业务策略及计划，通过初步假定细分市场的财务目标，进行差距分析，制定细分市场的业务计划；五是融合及优化业务计划；六是管理业务计划和评估绩效。

（三）创新规划

说明组织如何有效管理技术规划、技术积累，如何有效缩短产品开发周期和成本。

a) 技术规划：组织的技术规划流程是什么。如何基于市场驱动制定技术规划，如何基于技术要素进行分解。

技术规划是为获得经济效益的目的，社会对技术的采用和经济发展的一种要求，是技术经济活动发展的蓝图，它要规定较长时期的总任务总目标，主要步骤和重大意义的技术经济措施，它是一种战略性的方案。

技术规划的目的是为获得更高的经济效益。从本质上讲，技术规划又是社会对技术采用的一种要求，是技术经济活动发展的蓝图。做好技术规划，就要规定好较长时期的总任务、总目标、主要步骤和重大意义，它是一种战略性的方案。

企业做好技术规划是企业发展技术路线的基础。技术规划的有效实施可以为企业产品研发提供支撑，帮助企业更好的落实产品研发乃至生产计划的落实。

企业的技术规划落实不到位，可能会对企业的新产品研发生产制造技术瓶颈；同时由于技术落后带来的核心技术缺失，会让企业的产品在市场中逐步丧失竞争力，这对企业的长期稳定发展势必带来不利的影响。

b）技术路标:组织如何对技术路标进行管理。

组织应基于未来市场的驱动制定技术规划,以技术规划为依托,对企业技术要素进行分解,建立明确的技术获取计划和预算,制定技术路线图,立完善技术创新平台,对技术应用效果进行监测和调整。

c）技术平台:组织如何通过技术积累形成技术平台,如何应用技术平台进行产品开发。

所谓"平台"就是能够独立运行并自主存在,为其所支撑的上层系统和应用提供运行所依赖的环境。技术平台是一套完整的、严密的服务于研制应用软件产品的软件产品及相关文件。

技术平台可有效降低了软件公司的开发成本,技术平台的优劣,直接体现了一个软件公司的核心竞争力的优劣。没有自己技术平台或技术平台不够先进的软件公司就像没有核心竞争力的公司那样,最终被淘汰出局,因为客户永远追求物美价廉的产品。

d）成果转化:组织如何测量产品开发周期和成本;如何对技术应用效果进行检测和调整。

科技成果转化,是指为提高生产力水平而对科学研究与技术开发所产生的具有实用价值的科技成果所进行的后续试验、开发、应用、推广直至形成新产品、新工艺、新材料,发展新产业等活动。

科技成果转化不是单纯的技术传递过程,同时还是知识的流动和传递过程。一个有效的成果转化过程,不仅体现为技术成果转让的多寡,更取决于技术知识能否顺畅流动和转移。企业往往是科技成果的承接者,负责具体的科技成果实施。技术知识的交流与传递对企业形成竞争优势具有更加决定性的作用。

广泛的、扎实的基础科学研究→科学研究基础上的技术发明→商业机会的评估(包括潜在的商业价值、技术优势、保护能力、发明文件等)→技术的知识产权保护过程→商业化战略与策略规划制定→形成合作协议或创建公司(产业孵化平台)→监督技术(专利)许可的实施过程(包括技术的孵化、知识产权的保护、资金的投入等)。

（四）创新流程

说明组织的产品和技术开发过程管理体系如何保持规范,并有利于创新。主要包括以下条款内容:

a）开发流程:组织如何明确划分的产品开发阶段,制定清晰的产品开发流程。

b）需求验证:组织如何对需求不断验证,进一步确认需求。

c）变更管理:组织如何对需求进行变更管理,并持续跟踪。

d）技术评审:组织如何组建技术专家团队进行技术评审,包括同级评审、跨领域评审等。

e）项目管理:如何制定产品开发项目管理明确的目标、项目计划,如何有效监控项目管理过程。

企业新产品开发的目的是规划、组织、研制、推出不同内涵与外延的新产品,使现有产品得到改进,或者生产出全新产品。

新产品开发是企业研究与开发的重点内容,也是企业生存和发展的战略核心之一。产品开发的主要优势有:

➤ 产品开发可以成为竞争优势的源泉;

➤ 产品开发可以加强战略优势;

➤ 产品开发能够增强企业形象;

➤ 产品开发有利于保持企业研究开发能力;

➤ 产品开发可以充分利用生产和经营资源;

➤ 产品开发可以提高品牌权益;

➤ 产品开发可以影响人力资源。

产品开发的不到位,会导致企业开发新产品受阻,其最主要的不利因素在于企业的长期成长、进步和竞争能力的受损。而且也会使企业与社会、自然环境的适应能力大大降低。因此,要使企业要想持续发展,必须要充分把握时机开发新产品。

结构化的创新流程要求组织应建立系统、规范化的产品和技术开发过程管理体系,促进技术创新。

具体包括：

> 制定明确划分的产品开发阶段,清晰的产品开发流程;
> 有对需求不断验证的过程,制定标准的测试验证方法,并且考虑了消费者验证方式;
> 组建技术专家团队,按照技术评审标准,利用统计评审、跨领域评审,严格把控技术评审;
> 制定产品开发项目管理有明确的目标、项目计划,项目管理过程得到有效监控。

在处理好创新流程的同时,企业面对产品开发的一些问题。企业开发新产品,把有限的人、财、物,有效地分配在急需的开发项目上,使新产品开发取得最佳效果,关键在于准确地确定新产品开发方向。由于市场竞争日益激烈,消费需求日益多样化和个性化,新产品开发呈现出多能化、系列化、复合化、微型化、智能化、艺术化等发展趋势。

企业在选择新产品开发方向时应考虑以下几点因素:

> 考虑产品性质和用途。在进行新产品开发前,应充分考察同类产品和相应的替代产品的技术含量和性能用途,确保所开发产品的先进性或独创性,避免"新"产品自诞生之日起就被市场淘汰。

> 考虑价格和销售量。系列化产品成本低,可以降价出售增加销售量,但是系列化产品单调,也可能影响销售量。因此,对系列化、多样化产品以及价格、销售之间的关系,要经过调查研究再加以确定。

> 充分考虑消费者需求变化速度和变化方向。随着人们物质生活水平的提高,消费者的需求呈多样化趋势,并且变化速度很快。而开发一样新产品需要一定的时间,这个时间一定要比消费者需求变动的时间短,才能有市场,才能获得经济效益。

> 企业产品创新满足市场需求的能力。面对相同的市场机会,决定企业差距的最关键因素就是各自推向市场的产品所包含的产品和技术创新的能力。

> 企业技术力量储备和产品开发团队建设。

（五）创新机制

说明组织如何打破部门边界,实施跨部门合作。

a) 跨界协作:组织如何通过跨部门合作、打破部门边界以支撑产品和技术创新。

20世纪80年代,企业采取的是"封闭式创新"模式。即:企业通过增加自身内部的研发投入获得基础性技术突破,从而提高产品或服务的质量和性能、实现更高利润;接着企业再投资于更多的内部研发项目,进而带来新一轮的技术突破和新产品推广,从而形成良性循环。随着风险资本市场的兴起,以及知识型员工的跨国自由流动以及市场主导力量的变化,企业采取的大实验室封闭式创新模式逐渐难以适应瞬息万变的外部环境,大多数企业的创新模式开始由封闭式创新转向开放式创新。

开放式创新的核心理念在于:在知识全球化分布扩散的时代,企业不仅应依靠自身的研究力量,而且应从外部组织获取或分享创新资源。开放式创新能够给企业引入大量创意(且以低成本引入),创新资源的"节源"能够大大节约其研发成本,能够给企业带来部分利润;其次,企业通过对闲置创新资源进行授权专利许可而实现"开流",可为企业带来封闭式创新模式所不能创造的部分利润。因此,开放式创新是一种低成本的、高利润的管理创新模式。

为了更好地跨界合作,实现开放式创新,组织需要关注以下几点:一是打破传统的营销思维模式,避免单独作战,寻求非业内的合作伙伴,发挥不同类别部门的协同效应。跨界协作的实质,是实现多个部门从不同角度解决同一个问题。二是增强是用户体验的互补,而非简单的功能性互补。三是在开展员工或部门间跨界协作时,需要对目标顾客群体做详细深入的市场调研,作为跨界协作的依据。四是跨界协作需要将不同员工或部门之间的特性协调融合,避免重新注入的元素或产生冲突,造成企业运作混乱的情况。

b) 创新机构:组织模式如何不断调整和优化,以支撑开发式创新。

商业模式是为实现客户价值最大化,把能使企业运行的内外各要素整合起来,形成一个完整的高效率的具有独特核心竞争力的运行系统,并通过最优实现形式满足客户需求、实现客户价值,同时使系统达成持续赢利目标的整体解决方案。

对于一个企业而言,建立卓越的商业模式其目的不仅在于帮助公司快速发展壮大,更为重要的是能够构筑强大的竞争壁垒,让后来的企业难以在竞争过程中取得优势。

商业模式创新可以帮助企业在行业及市场中获取领导地位、品牌影响力、客户忠诚度、规模、商业秘密等。

商业模式八大要素包括:"客户价值最大化""整合""高效率""系统""赢利""实现形式""核心竞争力""整体解决"这八个关键词也就构成了成功商业模式的八个要素,缺一不可。其中:"整合""高效率""系统"是基础或先决条件,"核心竞争力"是手段,"客户价值最大化"是主观追求目标,"持续赢利"是客观结果。

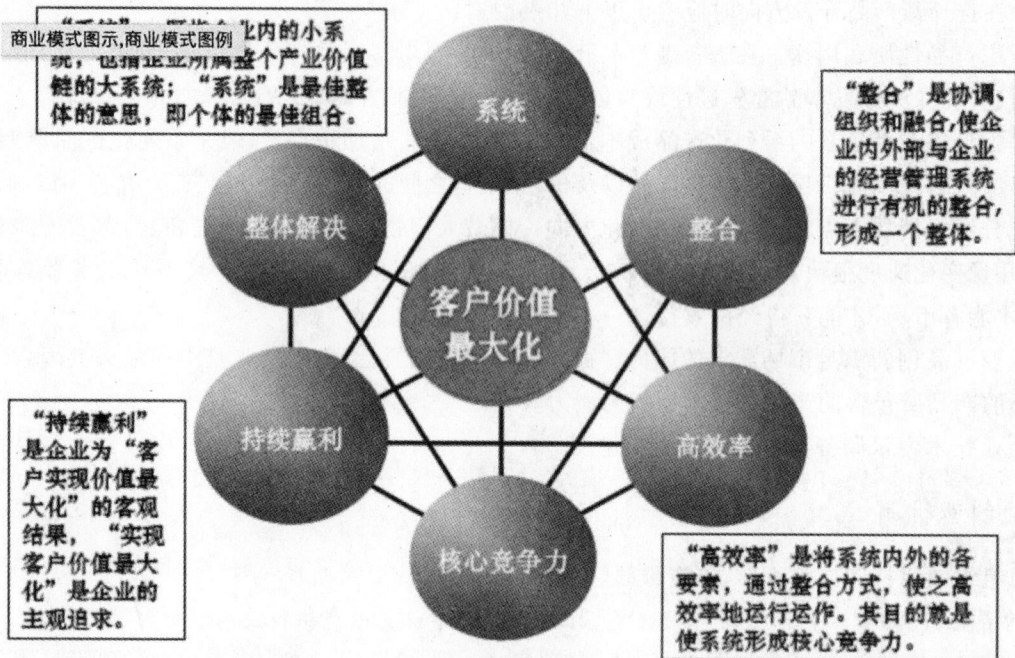

图　商业模式八大要素

为了实现商业模式创新,组织需要从以下几方面入手:

➢ 价值主张:即公司通过其产品和服务所能向消费者提供的价值。价值主张确认公司对消费者的实用意义。

➢ 消费者目标群体:即公司所瞄准的消费者群体。这些群体具有某些共性,从而使公司能够(针对这些共性)创造价值。

➢ 分销渠道:即公司用来接触消费者的各种途径。这里阐述了公司如何开拓市场。它涉及公司的市场和分销策略。

➢ 客户关系:即公司同其消费者群体之间所建立的联系。通常所说的客户关系管理即与此相关。

➢ 价值配置:即资源和活动的配置。

➢ 核心能力:即公司执行其商业模式所需的能力和资格。

➢ 合作伙伴网络:即公司同其他公司之间为有效地提供价值并实现其商业化而形成合作关系网络。这也描述了公司的商业联盟范围。

➢ 成本结构:即所使用的工具和方法的货币描述。

➢ 收入模型:即公司通过各种收入流来创造财富的途径。

c) 激励机制:组织如何建立良好的激励机制,重视团队激励,激发创新内动力。

企业创新机制(Enterprise innovation mechanism)创新是指企业在质量上的发展——企业更新,主要涉及企业的效率改进问题。

企业创新机制是企业创新的动力来源和作用方式,其目的是为了推动企业创新实现优质、高效运行并为达到预定目标。

企业创新机制的有效实施,可以激发企业和职工创新的积极性,推动企业创新的有效运行,帮助企业占领新市场。

组织应构建创新运行机制,创新运行机制主要包括创新管理的组织机构、运行程序和管理制度。一个良好的创新运行机制,能够使企业创新活动在正确决策下得以持续不断地高质量、高效率地运行。创新过程由四个阶段组成。企业创新发展机制是在创新利润的驱动下,企业充分挖掘利用和发展内部资源并广泛吸纳外部资源,加强人才、技术、资金、信息等资源储备,不断谋求创新发展的机制。现代企业处于科学技术飞速发展和竞争十分激烈的环境中,企业若不能不断地更新自己并有所发展,就会在市场竞争中处于不利地位,最终有可能破产倒闭。企业要能够不断的创新,就要有资源的储备和积累机制,处理好近期发展和长远发展的关系。

d) 创新文化:组织如何建设优秀创新文化,支持创新。

所谓企业创新文化是指在一定的社会历史条件下,企业在创新及创新管理活动中所创造和形成的具有本企业特色的创新精神财富以及创新物质形态的综合,包括创新价值观、创新准则、创新制度和规范、创新物质文化环境等。

理念创新是一种培育创新文化的过程,这种文化能够唤起一种不可估计的能量、热情、主动性和责任感,来帮助组织达到一种非常高的目标。理念创新还是一个自我否定、自我超越的过程。

通过理念创新可以帮助企业合理有效的结合自身实力,根据外部环境变化,摒弃固有思维,找准发展方向,发现并抓住符合企业实际、有利企业发展的机遇,以此对企业要素进行创新性优化组合,使企业在市场竞争中出奇制胜。

建立企业创新文化具有重要的作用,针对我国目前创新文化的发展现状,可以从以下几方面着手发展我国企业创新文化:

➢ 树立全员创新的创新意识,让人们普遍意识到创新的重要性,从习俗观念上去解放思想、去习惯创新,从而增强创新意识,促使企业创新文化的发展。

➢ 积极拓宽筹资渠道,从国家、政府、企业、个人、风险投资基金等多渠道进行创新和创新文化的资金筹集,解决创新发展的经费问题,促进创新的发展,加速企业创新文化的形成。

➢ 加强创新文化的宣传,并在理论研究方面给予一定的政策倾斜,吸引专业人士从事这方面的研究,加速其理论框架的成熟。

➢ 注重创新人才的吸引、培养、激励、运用,发挥他们的创新潜力,为企业和社会的创新服务,以营造企业创新文化。

➢ 从全社会角度着手鼓励向权威挑战、向成熟理论质疑,打破传统思维定势、形成追求创新、鼓励创新,激发灵感,营造以创新为荣的社会环境,激励企业创新文化的发展。

e) 合作创新:组织如何激发和运用员工、顾客和合作伙伴的创造和创新才能。

合作创新是指企业、研究机构、大学之间的联合创新行为包括新构思形成、新产品开发以及商业化等任何一个阶段的合作都可以视为企业合作创新。

合作创新目的是以合作伙伴的共同利益为基础,以资源共享或优势互补为前提,为双方企业发展提供支持。合作创新能节约企业在创新过程中获取研发成果的费用,合作创新能实现创新资源的互补和共享,合作创新是企业获得技术能力的重要途径。

缺乏合作创新的企业往往会面临知识快速贬值的问题。技术的迅速发展以及现代技术的高度复杂性和整合性使产品的生命周期不断缩短,产品不断向高级化、复杂化方向发展,单个企业的经营资源已不足以保证企业在飞速发展的时代继续生存和发展,要求企业能够跟踪外部技术的发展,并有能力充分利用和整合这些新技术为己所用。而技术创新具有高成本、高风险的特点,企业一般很难胜任独立开发的使命,只有开展合作创新,才能加快技术研究与产品的市场化进程。

合作创新具有多种多样的模式,各有其适用的条件,没有绝对意义上的最佳模式,在我国合作创新的模式主要有以下几种:

➤ 合同创新模式。指以合同形式确定的合作创新模式。通常由企业委托大专院校或科研机构从事技术或产品研究开发,企业提供资金并规定创新目标,大专院校或科研机构提供技术专家、必要的技术设备并具体实施创新过程,实现创新目标。

➤ 项目合伙创新模式。指企业为了完成某一特定技术项目的研究开发,通过合伙投入形成合作组织,共同从事研究开发活动,共享研发成果的一种合作创新模式。

➤ 基地合作创新模式。指企业与高等院校或科研院所共同建立技术创新基地的一种合作创新模式,一般由企业提供资金和场地,大学或科研机构提供研发条件(设备)和研发人员。

四、品牌管理

品牌概念是指能够吸引消费者,并且建立品牌忠诚度,进而为客户创造品牌(与市场)优势地位的观念。品牌概念应该包括核心概念和延伸概念。

必须保持品牌概念的统一和完整,具体包括企业业务领域(行业、主要产品等)、企业形象(跨国、本土等)、企业文化(严谨、进取、保守)、产品定位(高档、中档、低档)、产品风格(时尚、新潮、动感)。

品牌(Brand)是一种识别标志、一种精神象征、一种价值理念,是品质优异的核心体现。培育和创造品牌的过程也是不断创新的过程,自身有了创新的力量,才能在激烈的竞争中立于不败之地,继而巩固原有品牌资产,多层次、多角度、多领域地参与竞争。

(一)品牌规划

说明组织如何根据公司战略,在充分了解顾客和市场需求的基础上,确定品牌定位,制定品牌规划,对品牌管理进行系统策划。

制定与组织经营发展的战略目标保持一致的品牌发展规划,通过提高组织的产品质量和服务水平,推进组织的品牌建设,不断提高组织的品牌知名度、品牌美誉度、品牌形象和品牌忠诚度。

a) 市场细分:组织如何利用顾客、市场和产品供应信息来识别当前和预见未来的顾客群以及细分市场,如何选择目标市场。

市场细分是指营销者通过市场调研,依据消费者的需要和欲望、购买行为和购买习惯等方面的差异,把某一产品的市场整体划分为若干消费者群的市场分类过程。每一个消费者群就是一个细分市场,每一个细分市场都是具有类似需求倾向的消费者构成的群体。

目标市场就是通过市场细分后,企业准备以相应的产品和服务满足其需要的一个或几个子市场。

细分市场不是根据产品品种、产品系列来进行的,而是从消费者的角度进行划分的,是根据消费者的需求、动机、购买行为的多元性和差异性来划分的。通过市场细分对企业的生产、营销起着极其重要的作用。

市场细分有利于选择目标市场和制定市场营销策略。市场细分后的子市场比较具体,比较容易了解消费者的需求,企业可以根据自己经营思想、方针及生产技术和营销力量,确定自己的服务对象,即目标市场。针对着较小的目标市场,便于制定特殊的营销策略。同时,在细分的市场上,信息容易了解和反馈,一旦消费者的需求发生变化,企业可迅速改变营销策略,制定相应的对策,以适应市场需求的变化,提高企业的应变能力和竞争力。。

市场细分有利于发掘市场机会,开拓新市场。通过市场细分,企业可以对每一个细分市场的购买潜力、满足程度、竞争情况等进行分析对比,探索出有利于本企业的市场机会,使企业及时做出投产、异地销售决策或根据本企业的生产技术条件编制新产品开拓计划,进行必要的产品技术储备,掌握产品更新换代的主动权,开拓新市场,以更好适应市场的需要。

市场细分有利于集中人力、物力投入目标市场。任何一个企业的资源、人力、物力、资金都是有限的,通过细分市场,选择了适合自己的目标市场,企业可以集中人、财、物及资源,去争取局部市场上的优势,然后再占领自己的目标市场。

市场细分有利于提高组织经济效益。企业通过市场细分后,企业可以面对自己的目标市场,生产出适销对路的产品,既能满足市场需要,又可增加企业的收入;产品适销对路可以加速商品流转,加大生产批量,降低企业的生产销售成本,提高生产工人的劳动熟练程度,提高产品质量,全面提高企业的经济效益。

错误的市场细分则会使组织制定错误的营销方案,进而错过市场机遇,丧失竞争优势。没有对顾客需求差异予以定位,导致生产成本和推销费用的相应增长,会丧失较大的经济效益,带来人力财力物力很大程度上的损失。

细分市场的主要步骤:

➢ 正确选择市场范围。企业根据自身的经营条件和经营能力确定进入市场的范围,如进入什么行业,生产什么产品,提供什么服务。

➢ 列出市场范围内所有潜在顾客的需求情况。根据细分标准,比较全面地列出潜在顾客的基本需求,做为以后深入研究的基本资料和依据。

➢ 分析潜在顾客的不同需求,初步划分市场。企业将所列出的各种需求通过抽样调查进一步搜集有关市场信息与顾客背景资料,然后初步划分出一些差异最大的细分市场,至少从中选出 3 个分市场。

➢ 筛选。根据有效市场细分的条件,对所有细分市场进行分析研究,剔除不合要求、无用的细分市场。

➢ 为细分市场定名。为便于操作,可结合各细分市场上顾客的特点,用形象化、直观化的方法为细分市场定名。

➢ 复核。进一步对细分后选择的子市场进行调查研究,充分认识各细分市场的特点,本企业所开发的细分市场的规模、潜在需求,还需要对哪些特点进一步分析研究等。

➢ 决定细分市场规模,选定目标市场。企业在各子市场中选择与本企业经营优势和特色相一致的子市场,作为目标市场。没有这一步,就没有达到细分市场的目的。

b) 顾客信息:组织如何了解关键客户对产品供应及服务的要求。

顾客信息又称客户信息,是指客户喜好、客户细分、客户需求、客户联系方式等一些关于客户的基本资料。客户信息主要分为描述类信息、行为类信息和关联类信息 3 种类型。

市场的主体是顾客,顾客是决定企业生存和发展的关键力量,消费者的需求对企业的营销决策产生根本性的影响。顾客信息对企业来讲至关重要,有利于企业了解顾客对产品供应即服务的需求及要求。

客户信息采集指客户数据的采集、整理和加工;客户知识获取指客户信息的统计、分析和预测;客户知识运用指客户知识的发布、传递和利用。

获取客户信息的来源主要有以下 3 种:一是企业内部已经登记的客户信息、客户销售记录、与客户服务接触过程中收集的信息,以及从外部获得的客户信息。二是有意识地组织一些活动来采集客户信息,比如经常采用的有奖登记活动,以各种方式对自愿登记的客户进行奖励,在活动中短时间内收集到较大量的客户信息。三是有奖登记卡和折扣券、会员俱乐部、赠送礼品、利用电子邮件或网站来收集等等。

科学的客户信息管理是凝聚客户、促进企业业务发展的重要保障。客户信息是一切交易的源泉。由于客户信息自身的特点,进行科学的客户信息管理是信息加工、信息挖掘、信息提取和再利用的需要。通过客户信息管理,可以实现客户信息利用的最大化和最优化。网络营销中的客户信息管理是对客户信息进行收集、抽取、迁移、存储、集成、分析和实现的全过程。

与顾客进行双向沟通,获取顾客信息价值,这些基本信息包括两类,一是企业在建立客户档案时由顾客无偿提供的那部分信息,二是在企业与顾客进行双向互动的沟通过程中,由顾客以各种方式(抱怨、建议、要求等)向企业提供各类信息,包括顾客需求信息、竞争对手信息、顾客满意程度信息等。

　　c) 品牌定位:组织如何识别和创新产品供应以满足顾客群和细分市场的要求,并超越其期望,如何识别和确立品牌定位和价值,制定明确的品牌战略并实施。

　　品牌定位是企业在市场定位和产品定位的基础上,对特定的品牌在文化取向及个性差异上的商业性决策,它是建立一个与目标市场有关的品牌形象的过程和结果。品牌定位是市场定位的核心和集中表现。

　　品牌定位是品牌经营的首要任务,是品牌建设的基础,是品牌经营成功的前提。品牌定位是联系品牌形象与目标市场的纽带,是塑造品牌个性的的重要途径,是品牌占领市场的重要保证,是品牌传播的基础。强调品牌定位过程的重要性,通过运用合适的品牌定位工具优化并完善品牌定位流程。

　　品牌定位使品牌信息进入消费者有限心智。特劳特认为对于同一行业消费者心智阶梯最多只能容纳七个品牌,最终只能记住两个。比如快餐业中的麦当劳和肯德基。通过科学定位,品牌才能在消费者心智阶梯中占有一席之地。

　　品牌定位是企业成功创建品牌的基础。品牌定位是整个品牌建设系统中的第一个环节,也是其他环节的基础。如果品牌建设的中间过程出现失误,那么品牌定位可以为修正失误提供策略参考。

　　品牌定位可以创造品牌核心价值。精准的品牌定位,必不可少的是彰显品牌精神,一个有个性,有思想,能准确体现差异化优势的品牌更容易受到消费者青睐。品牌核心价值是品牌灵魂的所在,也是让消费者偏爱、忠诚的主要元素。通过品牌定位,可以形成品牌核心价值,建立别具一格的品牌识别体系。

　　品牌定位可以与消费者建立长期的、稳固的关系。当消费者可以真正感受到品牌优势和特征,并且被品牌的独特个性所吸引时,品牌与消费者之间建立长期、稳固的关系就成为可能。

　　没有品牌定位过程就是没有挖掘出品牌强有力的、积极正面的、市场最为看重的、独特的卖点,因此不能在消费者心中占有什么位置。即使在强大的广告攻势下,消费者虽会记住品牌名称,却无从分辨它们的个性、卖点,无法形成品牌偏好。品牌定位模糊不清使得消费者对品牌感到困惑,导致品牌形象的混淆。如果没有品牌定位或是品牌定位失败,那么品牌建设的过程会产生传递效应,其他环节就会产生偏差和失误,最终整个品牌建设过程就不会达到理想的效果,甚至对品牌全生命周期有着致命的影响。

　　品牌定位流程主要包括以下三个步骤:一是通过对顾客分析、竞争者分析和自我分析,确定细分市场,进而评估和选择目标市场,同时形成品牌价值主张;二是提炼品牌核心价值并对品牌定位进行具体描述,明确向消费者传达的品牌特定信息,形成品牌定位决策;三是执行品牌方案,建立起品牌形象;最后对品牌定位效果进行跟踪和评估,找出定位的不足。

　　品牌定位不是一成不变的,有时会随着市场竞争者、消费者以及企业的变化而改变,就是品牌再定位。

　　d) 品牌规划:组织如何制定品牌规划,如何与公司战略保持一致。

　　品牌规划是建立以塑造强势品牌为核心的企业战略,将品牌建设提升到企业经营战略的高度,其核心在于建立与众不同的品牌识别,为品牌建设设立目标、方向、原则与指导策略,为日后的具体品牌建设战术与行为制定标准。

　　品牌规划可以提升品牌溢价与附加值。如同等成本、技术、功能与品质下可以比竞争品牌卖出更高的价格。因为通过品牌战略塑造的个性化品牌形象,能提升顾客的感知价值(可信赖感、情感、自我表达和审美的价值),即卖出产品实体以外的附加值。

　　品牌规划可以降低对促销与价格战的依赖。消费者对品牌的情感和审美认同的价值在整体顾客价值中的构成权重越来越高。基于对品牌个性、情感、审美的认同,消费者的价格敏感度会降低,故卓越的品牌可以减少对促销与价格战的依赖。

　　品牌规划可以吸引新顾客,提升顾客满意度,形成良好的口碑传播。顾客喜欢某个品牌后,会形成正面心理暗示"我买的就是好的",在这种心理机制驱动下,顾客会选择性记住有利于这个品牌的信心,同样的品质,顾客会感觉到更满意。因此,会带来顾客的忠诚和口碑传播。众所周知,回头客带来的销量上升和口碑能大大提升利润,降低营销传播成本。

品牌规划可以降低运作成本。对顾客来说,购买一个熟悉、可信赖和令人亲近的品牌的不确定性就大大降低。一个强势品牌能整合到最优秀的渠道资源,并获得分销商与零售终端在付款方式、陈列位置、进场费、促销活动、终端生动化上的配合。规划差异化、个性化的品牌核心价值与品牌识别,并以此为品牌宪法去统帅企业的一切营销传播活动。而高度差异化与个性化的信息天然具有吸引公众的眼球,获得万众瞩目的能力,以很低的成本提升品牌和品牌资产。

没有品牌规划战略的指导与统帅,常规营销传播恰恰是只能短暂提升销售。常规的营销传播更多地是以提升当前的销量为目标,所用的策略大多是"增加产品吸引力、广告公关诉求准确有力、强大的销售队伍、广泛的分销网络、终端生动化"等。当这些营销传播策略没有在品牌规划统帅下展开的时候,只能短暂提升销售,不能起到促进消费者加深对品牌识别的记忆与认同,所以基本无法对打造强势品牌起支持作用。

品牌规划流程主要包括以下八个步骤:

➢ 品牌诊断和定位。对品牌进行诊断定位,是决定品牌战略规划成功与否的第一步,并且品牌诊断和定位也是一项非常严谨细致的工作。品牌诊断调研的内容包括:品牌所在市场环境、品牌与消费者的关系、品牌与竞争品牌的关系、品牌的资产情况以及品牌的战略目标、品牌架构、品牌组织等等。

➢ 规划品牌愿景和目标。品牌愿景就是告诉消费者、股东及员工:品牌未来的发展的方向和品牌未来的目标。

➢ 提炼品牌核心价值。品牌核心价值是品牌的灵魂和精髓,是企业一切营销传播活动所围绕的中心。

➢ 制定品牌中长期战略。品牌核心价值确定后,应该围绕品牌核心价值制定品牌战略,并尽最大可能使其具有操作性。

➢ 配置品牌机构和人才。合理设置品牌管理的组织机构,在品牌战略管理层面发挥作用。

➢ 品牌传播和推广。品牌战略一旦确定,就应该进行全方位、多角度的品牌传播与推广,使品牌深入人心。品牌传播与推广没有一成不变的模式,企业应该结合自身情况制定相应的传播与推广策略。

➢ 维护品牌的一致性。一个强大的品牌不是由创意打造的,而是由"持之以恒"打造的。品牌核心价值一旦确定,企业的一切营销传播活动都应该以滴水穿石的定力,持之以恒地坚持维护它。

➢ 精心策划品牌延伸。一个品牌发展到一定阶段推出新产品,是用原有品牌还是推出新品牌,这时就应打好品牌延伸这张牌。

(二)品牌推广

说明组织如何通过与顾客建立合作伙伴关系,制定品牌推广计划,提升品牌管理能力。

a)推广计划:组织如何开展品牌营销与推广,持续提升品牌知名度、品牌影响力和品牌形象。

品牌营销是通过市场营销使客户形成对企业品牌和产品的认知过程。品牌营销活动的目的,是要成功地塑造和传播品牌的形象,那么为了顺利地实现这个目标而进行的品牌营销策划,就是要以品牌形象的塑造和传播为研究的重点,在掌握了大量的信息资料的前提下,遵循系统性、可行性、针对性、创造性的原则,为企业品牌的整体营销活动提供一个科学的活动规范方案的决策活动过程。是要为企业的品牌营销活动提供一个科学的指导方案,使品牌营销活动更具有效率,以便成功地塑造和传播品牌的形象,最终产生品牌价值。

品牌推广,是指企业塑造自身及产品品牌形象,使广大消费者广泛认同的系列活动和过程。品牌推广有两个重要任务,一是树立良好的企业和产品形象,提高品牌知名度、美誉度和特色度;二是最终要将有相应品牌名称的产品销售出去。品牌推广是品牌树立、维护过程中的重要环节,它包括传播计划及执行、品牌跟踪与评估等。品牌创意再好,没有强有力的推广执行作支撑也不能成为强势品牌,而且品牌推广强调一致性,在执行过程中的各个细节都要统一。组织应针对品牌的导入期、成长期、全盛期、衰落期制定不同的品牌推广策略。

营销与推销不同，营销是一种企业活动，是企业有目的、有意识的行为，从买方出发，是顾客导向。通过 STP 与 4P 创造对方想要的价值，通过 CRM 实现价值。而推销仅仅是市场营销的内容之一，从卖方出发，是产品导向。推销重在推，营销重在拉。如果拉力足够大，就不需要太多推力了。部分组织将营销与推销混淆，这里明确并强调品牌营销的重要意义。

品牌营销可使组织形成合力。通过共享让各个参与者成为利益相关方，不再事不关己、高高挂起，由过去的品牌持有人独自发力转变成为利益相关方共同发力，营销的推力和需求的拉力方向一致，根据力学合成原理，最终的力量自然最大。

品牌营销可以提升运营效率。由于利益相关方从过去不关心销售转变为现在共同关注，使被动营销转化为主动营销，利益相关方能够更加积极对待工作，自然用工最省、效率更高。尤其是过去对品牌漠不关心的消费者成为品牌利益相关方之后，各项调查、研发和营销工作不再隔靴搔痒，效率自然无法比拟。

品牌营销减少风险。由利益相关方共同承担市场风险，各自担当的风险自然最小，尤其是消费者的积极参与互动，适销对路的产品开发是最容易实现的，同时大家利益相对一致，容易拧成一股绳，内耗风险系数也大大降低。

品牌营销可以节省费用。在每一个营销节点上，由原来品牌持有人支付费用转变为各利益相关方自行支付费用，由过去品牌经营者独自控制费用转变为各利益相关方自行控制费用，从而使得各利益相关方获取更多更合理的利益。

品牌营销主要包括以下 4 个步骤：

一是收集信息资料。企业是社会经济活动的一种组织形式，是经济活动的细胞，因此，品牌营销策划必然要与社会有密切的信息交流。信息与材料、能源被誉为现代经济发展的三大支柱，信息开发的水平，决定着策划的水平，最终决定着企业的成败。企业品牌营销策划的第一个步骤就是要收集与企业的品牌营销策划有关的各种信息资料，这些信息资料将成为进行系统分析与设计的重要依据，它们包括：宏观经济形势、政策与法律环境、目标市场特性、消费者需求特点、市场需求走向、市场竞争状况和企业自身的特点等等。在这个过程当中，最重要的就是要对各种信息资料进行加工处理。要充分利用现代化的媒体手段，以科学原理为指导，大量收集信息资料，并透过现象、去粗取精、去伪存真、由表及里地对其进行分析研究，最终得到需要的资料。对这些信息资料收集完毕后，要以报告书的形式进行总结汇报，成为企业品牌营销策划活动的重要依据。

二是品牌形象策划。塑造和传播品牌形象，是品牌营销的主要任务。那么为品牌策划目标形象，这就是品牌营销策划的重点和首要工作。形象是品牌的灵魂，塑造出一个理想的品牌目标形象将赋予品牌强大的生命力，而品牌的目标形象如果塑造得不合理，将会导致整个品牌营销计划的失败。只有正确的塑造品牌形象，品牌营销活动才显得有意义，所以首先必须对品牌目标形象进行科学地设计策划，尽可能地设计出一个理想的品牌形象来。

三是品牌传播策划。在品牌的目标形象策划好后，就应该为传播品牌目标形象而策划具体的传播方式了。品牌是传播出来的，品牌形象策划得再好也只有能够得到社会的普遍认同才能够成为真正的品牌，而这需要的就是对品牌进行有效的传播，因此也必须对品牌形象的传播进行科学的策划。在信息高度发达的现代社会里，信息传播的方式也呈现出了多样多彩，传播方式的不同，所获得的传播效果也会不同，传播方式通常有：动态媒体方式、静态媒体方式、人员媒体方式、网络媒体方式、综合方式。

四是综合创意策划。在策划好品牌的目标形象和传播方式后，就要根据品牌形象的设计要求和传播方式的特点，为最终能够在目标市场中成功的塑造品牌形象而进行综合的创意了。综合创意是对品牌传播过程中的每一个细节和每一个内容进行创意设计，创意要能够准确地表达出品牌形象设计的意图，并且要让绝大多数的目标消费者所能够感知和认同，因此，综合创意其实是影响到品牌形象的传播效果的很重要的一项工作，是品牌营销策划的灵魂所在，所以要对其进行科学策划。

b）顾客沟通：组织如何确定和满足顾客日常沟通的需求，主动联系顾客，以讨论和处置他们的需求、期望和关注,与顾客建立合作伙伴关系为供应链增值。

顾客沟通过程旨在以主动的、持续创新的方式来获取明示的、未明示的和预期的顾客要求、期望和需要。其目的是顾客契合。"顾客契合"是指顾客对组织的品牌和产品供应的投入。契合的特征包括顾客维系和忠诚,顾客与组织建立并增强商业关系的意愿,以及顾客积极倡导和推荐组织的品牌和产品供应的意愿。过程包括收集和综合各类顾客数据。

接触管理是企业决定在什么时间(When)、什么地点(Where)、如何接触(How,包括采取什么接触点、何种方式)与客户或潜在客户进行接触,并达成预期沟通目标,以及围绕客户接触过程与接触结果处理所展开的管理工作。核心是企业如何在正确的接触点以正确的方式向正确的客户提供正确的产品和服务。首先要弄清目标消费群的所有接触通道。通过对清单进行分析,下一步就要找出能够诱发消费者联想到品牌和产品的重要接触点,一般方式是通过深度洽谈,找出目标消费者大部分人所记得的接触点,或不同消费群所确认的重要接触点。

顾客沟通是实现顾客满意的基础,保持与顾客的双向沟通至关重要,企业经常与顾客进行沟通,才能了解顾客的实际需求和期望,特别是当企业出现失误时,有效的沟通有助于更多地获得谅解,减少或消除顾客的不满。顾客沟通是维护顾客关系的基础,企业经常与顾客进行沟通,才能在沟通中加深与顾客的感情,稳定顾客关系,从而使重复购买次数增多。如果企业与顾客缺少沟通,那么好不容易建立起来的关系,可能会因为一些不必要的误会没有得到及时消除而土崩瓦解。因此,企业要及时、主动地与顾客保持沟通,并且要建立顺畅的沟通渠道,这样才能维护好顾客关系,才能赢得大批稳定的老客户。

组织应建立了解顾客和市场的方法,识别和确定顾客的需求、期望和偏好,运用所收集的信息和反馈,并与时俱进,适应发展方向、业务需要及市场变化:

➢ 组织应通过问卷调查、顾客访谈和反馈等方法,了解不同顾客群的需求、期望和偏好,以及这些需求、期望和偏好的相对重要性或优先次序,重点考虑那些影响顾客偏好和重复购买的产品和服务特征,包括组织的产品和服务与竞争对手相区别的特征,诸如质量特性、可靠性、性价比、交付周期或准时交付、顾客服务或技术支持等;应根据组织实际,考虑针对不同的顾客、顾客群和细分市场采取不同的了解方法,例如:对经销商和终端顾客采用不同的调查问卷。

➢ 组织应收集当前和以往顾客的相关信息和反馈,包括市场推广和销售信息、顾客满意和忠诚的数据、顾客赢得和流失的分析以及顾客投诉等,建立顾客档案或知识库,以用于产品和服务的设计、生产、改进、创新以及市场开发和营销过程,并强化顾客导向、满足顾客需要和识别创新的机会。

➢ 组织应定期评价了解顾客需求和期望的方法,并对这些方法的适用性、有效性进行分析和改进,使之与发展方向和业务需要保持同步,并适应市场的变化。

c)顾客关系:组织如何拓展、建立和管理顾客关系,在顾客生命周期的各阶段满足顾客要求并超越其期望,维系顾客,提升组织品牌形象。

顾客关系是指组织与组织的产品和服务的购买者、消费者之间的关系。在现代社会里,泛指一切物质产品、文化产品及服务的购买者、消费者。

帕累托的20/80法则:企业的80%的销售业绩来自于20%的顾客的重复购买,开发一个新的顾客的费用是保持一个老顾客的4~6倍。顾客是企业的一项重要资产,与顾客建立长期和有效的业务关系,更加接近客户、了解客户尤为重要。

顾客关系管理可以使企业保留老顾客,吸引新顾客。通过对客户信息的整合,帮助企业捕捉、跟踪、利用所有的客户信息,在全企业内部实现资源共享,从而使企业更好的管理销售、服务和客户资源,为顾客提供快速优质的服务。另一方面,企业加强顾客关系管理使得顾客满意度大大提高,就能帮助企业留住更多的老顾客,并有效地吸引新顾客。此外,做好顾客关系管理可以大量地减少企业成本,尤其是广告费用,广告费用在信息技术发达的今天占了企业成本的多数比例,顾客关系管理帮助企业有明确的投资计划,不至于盲目的投入广告费用,而收不到预期的效果。通过顾客关系管理,系统把产品和顾客进行了细分,针对不同的顾客群投放不同的广告,有选择性地进行广告宣传。不仅如此,可以根据顾客的需要生产个性化的产品,既可以减少成本,又可以吸引消费者。

组织应建立顾客关系,明确与顾客接触的主要渠道,有效、快速地处理顾客投诉,并与时俱进,使之适应发展方向和业务需要:

➤ 组织应针对不同顾客群建立差异化的顾客关系,包括与关键顾客建立合作伙伴或战略联盟关系,以赢得顾客,提高其满意度和忠诚度,增加重复购买的频次和获得积极的推荐。

➤ 组织应建立与顾客接触的主要渠道,如网站、展销会、登门拜访、订货会、电子商务、电话、传真等,以便于顾客查询信息、进行交易和提出投诉;确定每种渠道主要的顾客接触要求,即顾客对接触过程的要求,进而形成顾客服务的标准,并展开落实到有关的人员和过程。

➤ 组织应确立顾客投诉处理过程以及相关职责,建立快速反应机制,确保投诉得到有效、快速的解决,例如向顾客承诺响应和解决的时限并切实履行;应授权与顾客接触的第一位员工把问题处理好,恢复顾客因不满意而失去的对组织的信心,最大限度地减少顾客不满和业务流失;应积累和分析投诉信息,确定共性问题、根本原因及改进的重点,用于整个组织及合作伙伴的改进。

➤ 组织应定期评价、不断改进在顾客关系方面的方法,使之适应发展方向及业务需要。

d) 品牌能力建设:组织如何设置完善的品牌管理组织体系,如何配置专业人员,提升品牌管理能力。

品牌建设 Brand Construction 是指品牌拥有者对品牌进行的设计、宣传、维护的行为和努力。品牌建设的利益表达者和主要组织者是品牌拥有者(品牌母体)。该标准要求组织应当重视品牌建设,设置专门的品牌管理机构或一个机构主导多部门参与的品牌管理组织,从而有效组织调动公司各部门资源,把握品牌发展的大方向,科学管理品牌资产,为品牌建设服务。并配置专业品牌管理人员,建立健全的相关制度,提高组织的品牌管理能力。

国内部分企业对品牌不够重视,特别是中间品制造企业。国内对品牌普遍存在的误区包括品牌就是商标、品牌建设就是提高知名度打广告、把品牌等同于产品认为只有消费品企业才需要品牌制造业不需要品牌等。我国许多企业非常重视品牌管理,但品牌管理的组织机构设置并不科学。许多企业品牌经理设置在市场部中,等同于一般意义的广告经理,他们的作用也只是广告宣传,视觉设计等,还没有在品牌战略管理层面发挥作用。

品牌建设可以增加企业的凝聚力,这种凝聚力,不仅能使团队成员产生自豪感,增强员工对企业认同感和归属感,使之愿意留在这个企业里,还有利于提高员工素质,以适应企业发展的需要,使全体员工以主人翁的态度工作,产生同舟共济、荣辱与共的思想,使员工关注企业发展,为提升企业竞争力而奋斗。

品牌建设可以增强企业的吸引力与辐射力,有利于企业美誉度与知名度的提高。好的企业品牌使外界人羡慕、向往,不仅使投资环境价值提升,还能吸引人才,从而使资源得到有效集聚和合理配置,企业品牌的吸引力是一种向心力,辐射力则是一种扩散力。

品牌建设可以提高企业知名度和强化竞争力的一种文化力。这种文化力是一种无形的巨大的企业发展的推动力量。企业实力、活力、潜力以及可持续发展的能力,集中体现在竞争力上,而提高企业竞争力又同提高企业知名度密不可分。一个好的企业品牌将大大有利于企业知名度和竞争力的提高。这种提高不是来自人力、物力、财力的投入,而是靠"品牌"这种无形的文化力。

品牌建设可以推动企业发展和社会进步的一个积极因素。企业品牌不是停留在美化企业形象的层面,而成为吸引投资、促进企业发展的巨大动力,进而促进企业将自己像商品一样包装后拿到国内甚至国际市场上"推销"。在经济全球化的背景下,市场经济的全方位社会渗透,逐步清除企业的体制障碍,催化中国企业品牌的定位与形成。

品牌管理组织体系主要包括以下三种形式:

一是职能性组织形式:这是一种适合单一品牌的组织形式,其核心是将同一个品牌拓展到不同的市场,着眼点在于发挥各种营销职能的专业优势,这种形式很普遍,通常包括市场部和销售部两种职能,分别承担起对品牌的推广、传播以及维护工作,其优点在于专业化,但是对市场的适应性不够。

二是以市场为标准的组织形式:这是一种多品牌的组织形式,其重点在于为不同的市场提供相应的产品和品牌,使品牌能充分满足不同市场的需求,这种组织形式是一种矩阵式的结构,品牌管理和市场管理互相交叉,比较复杂。其优点在于能够兼顾产品和市场,但是组织的效率不高,需要进行充分的沟通。

三是以产品为标准的组织形式:通常表现为营销部门下的品牌经理管理体制,其侧重点在于有效利用企业资源为特定的产品/品牌服务,保证多种品牌都能得到足够的重视,同时该形式又能充分引发各品牌之间的内部竞争,利于促进品牌的整体发展。此种形式的优点在于充分考虑了产品/品牌的需要,但弱点在于需要与企业各部门进行太多的沟通和协调,效率较低,而且容易发生各个品牌为抢夺资源而产生矛盾。

(三)品牌维护

说明组织如何有效管理危机和投诉,通过顾客满意信息收集和定期品牌评估机制,不断改进,提升组织的品牌价值。

a)品牌保护:组织如何采取有效的品牌保护措施,防止品牌侵权行为,维护品牌形象及品牌自身利益。

品牌保护,就是对品牌的所有人、合法使用人的品牌实行资格保护措施,以防范来自各方面的侵害和侵权行为。假冒商品近年来日益泛滥,成为我国经济生活中的一大恶症。假冒商品品种多、数量大,从生活日用品到生产资料,从一般商品到高档耐用消费品,从普通商品到高科技产品,从内销商品到外贸出口商品,假冒伪劣几乎无所不在,无所不有。其中又以制作容易、利润丰厚、销售快捷的假冒名烟、名酒和药品的问题最为严重,而且假冒伪劣商品有向大商品和高科技产品方向发展的趋势。

品牌侵权现象时有发生,重视并采用适当的方法维护品牌的形象与企业相关利益尤为重要。

品牌保护有利于巩固品牌的市场地位,企业品牌在竞争市场中的品牌知名度、品牌美誉度下降以及销售、市场占有率降低等品牌失落现象被成为品牌老化。对于任何品牌都存在品牌老化的可能,尤其是在当今市场竞争如此激烈的情况下。不断对品牌进行维护,是避免品牌老化的重要手段。品牌保护有助于保持和增强品牌生命力,有利于抵御竞争品牌。

品牌的经营保护策略主要包括以下几个方面:

➢ 以市场为中心,全面满足消费者需求

➢ 维持高质量的品牌形象

➢ 严格管理,锻造强势品牌

➢ 实施"差异化"策略,进行品牌再定位

➢ 不断创新,锻造企业活力

➢ 保持品牌的独立性

➢ 运用品牌延伸策略,主动进攻,捍卫品牌阵地

b)投诉管理:组织如何妥善处理顾客投诉,确保投诉得到有效、快速地解决,最大限度减少顾客不满和业务流失。

顾客投诉是客户与企业矛盾的直接表现,是客户对企业市场行为的置疑,是企业面临的挑战,同时也是机遇。

企业不够重视投诉管理,不了解顾客投诉对企业而言即时机遇也是挑战。投诉管理意义重大:①顾客投诉为企业提供了恢复顾客满意的最直接的补救机会,鼓励不满顾客投诉并妥善处理,能够阻止顾客流失。②减少负面影响,不满意的顾客不但会终止购买企业的产品或服务,而转向企业的竞争对手,而且还会向他人诉说自己的不满,给企业带来非常不利的口碑传播。③免费的市场信息,投诉是联系顾客和企业的一条纽带,它能为企业提供许多有益的信息。顾客投诉一方面有利于纠正企业营销过程中的问题与失误,另一方面还可能反映企业产品和服务所不能满足的顾客需要,仔细研究这些需要,可以帮助企业开拓新市场。④预警危机,企业要珍惜顾客的投诉,正是这些线索为企业发现自身问题提供了可能。事实上,很多的企业正是从投诉中提前发现严重的问题,然后进行改善,从而避免了更大的危机。

对投诉处理不当造成顾客大量流失，社会舆论抨击，为企业带来严重的负面影响，企业形象大大受损，企业的利益也因此遭受巨大损失。

投诉管理重点关注以下三个方面：

一是降低投诉门槛。鼓励不满意消费者进行投诉，建立便捷的投诉渠道，包括设立免费呼叫中心、投诉卡片、主动拜访消费者等方式。

二是快速反应。预期投诉、授权于一线员工、确认收到投诉、安排线路和区分优先顺序。

三是及时处理。赔偿，权衡赔偿成本并提出对于客户来说公正的赔偿方案。处理投诉时要真诚，认真对待每一次投诉，让每一个客户都认为自己的问题是独特的。重视投诉的后续工作，处理投诉后鼓励客户提供反馈，那么客户对投诉处理的满意度将会提高。

c) 危机管理：组织如何构建有效的品牌危机处理机制，妥善处置突发品牌危机事件。

危机管理是指应对危机的有关机制。具体是指企业为避免或者减轻危机所带来的严重损害和威胁，从而有组织、有计划地学习、制定和实施一系列管理措施和应对策略，包括危机的规避、危机的控制、危机的解决与危机解决后的复兴等不断学习和适应的动态过程。

品牌危机由品牌事件演化而成，是品牌联想着朝着不利于品牌的方向变化的状态。品牌事件演化为品牌危机，是由于企业与公众的认知不一致，从而导致企业行为与公众期望的冲突。如果品牌事件得到很好的处理，品牌事件就不会演化为品牌危机，然而，对品牌事件的处理总是影响了品牌事件的走向。

危机管理与企业经营策略，发展战略同等重要，并且具有很强的策略性与战略性意义。要有计划，有组织，能控制的系统和前瞻的管理品牌危机策略性方案。不仅关注企业的良好运作，更把焦点集中在维护企业与其个别品牌的生命。通过一系列的工具、方法和经验推动对危机前的预警，危机中的处置和危机后的恢复，从而保护和提高品牌声誉。在危机尚未来临时预测危机，在危机处于萌芽状态时发现危机，在危机带来危害时消除危机，甚至在危机中发现机会，驾驭危机，利用危机。

危机管理流程主要包括以下几个方面：

一是危机防范。建企业内部危机管理小组，化危机意识，观察发现危机前兆，分析预计危机情境，从危机征兆中透视企业存在的危机，并引起高度重视，预先制定科学而周密的危机应变计划。定期行危机管理的模拟训练，强化危机管理意识，及进检测已拟定的危机应变计划是否充实、可行。

二是危机处理。危机发生后，当事人应当冷静下来，采取有效的措施，隔离危机。不让事态继续蔓延，并迅速找出危机发生的原因，进行化解处理。组织应以最快的速度启动危机应变计划，如果初期反应滞后，将会造成危机的蔓延和扩大。组织应把公众的利益放在首位，善待被害者，尽量为受到危机影响的公众弥补损失，这样有利于维护企业的形象。由于危机情况的产生具有突变性和紧迫性，因此尽管在事先制定出危机应变计划，由于不可预知危机的存在，任何防范措施也无法做到万无一失。在处理危机时，应针对具体问题，随时修正和充实危机处理对策。

三是危机总结。组织应对危机发生的原因和相关预防和处理的全部措施进行系统的调查，并对危机管理工作进行全面的评价，包括对预警系统的组织和工作内容、危机应变计划、危机决策和处理等各方面的评价，要详尽地列出危机管理工作中存在的各种问题。组织还应对危机旁及的各种问题综合归类，分别提出整改措施，并责成有关部门逐项落实。

d) 品牌评估：组织如何收集和获取与竞争者相对照的顾客满意信息，定期评估品牌建设成效，采取有效措施提升品牌价值。

品牌价值评估主要通过主观感性评价和客观定量评价两种方式来实现，其中主观感性评价主要是顾客满意度调查，客观定量评价主要是第三方评估。

顾客满意度调查是用来测量一家企业或一个行业在满足或超过顾客购买产品的期望方面所达到的程度。测量顾客满意度的过程就是顾客满意度调查。它可以找出那些与顾客满意或不满意直接有关的关键因素（用统计指标来反映，有时称之为绩效指标），根据顾客对这些因素的看法而测量出统计数据，进而得到综合的顾客满意度指标。它也是近年来市场营销调研行业中发展最快、应用最广泛的调查技术。

品牌价值评估不但可以量化具体品牌所具有的价值,还可以通过各个品牌价值的比较,从直观上了解名牌企业的状况,从某些侧面揭示出各个品牌所处的市场地位及其变动,以及揭示出品牌价值的内涵和规律。并且为企业实现以品牌为资本的企业重组扩张创造了良好的舆论基础和社会基础。消费者更是通过品牌价值的影响,坚定自己对某些品牌的忠诚。投资者则是通过品牌价值的参考,决定自己的投资方向。

国际标准化组织出台 ISO 10668 这一品牌价值评估标准,规定了用于决定品牌实际经济价值的工作流程和方法必须达到的标准。中国标准化研究院同时起草了《品牌评价——多周期超额收益法 》(GB/T 29187-2012)、《品牌评价多周期超额收益测算法》(GB/T 29188-2012)等有关国家标准。严格按照每年国家质检总局关于开展品牌价值评价工作的要求,适时进行品牌评估。

五、组织经营管理结果

组织的经营管理结果是一个系统的、综合的绩效评价结果,包括质量结果、创新结果、品牌结果和经营绩效。结合平衡记分卡的财务、客户、内部流程和学习与成长四个维度,可以发现从四个角度出发的各项指标在逻辑上是紧密相关的。学习与成长层面的员工技能指标会直接影响内部流程质量,在卓越绩效中,体现内部流程的指标主要有两大类:创新结果和质量成果,人员结果的变动,直接影响到创新结果和质量结果。内部流程的控制情况决定了产品准时交货率、企业产品是否满足客户需要,决定了顾客满意度、产品的市场绩效、品牌价值指标等品牌结果。产品的客户反馈结果将直接影响其经营绩效的财务结果和社会贡献。卓越绩效结果框架图如图所示:

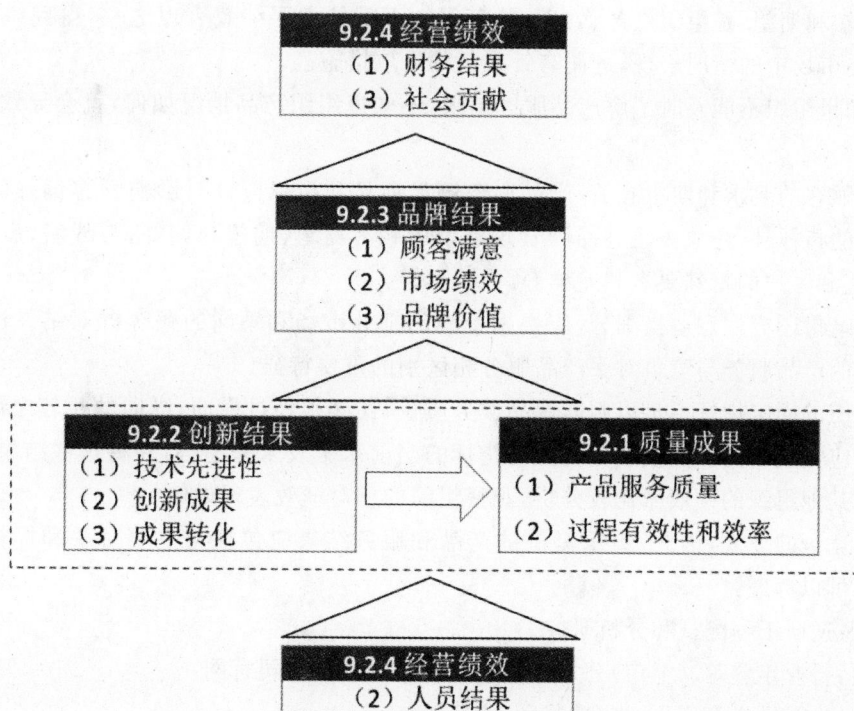

图9-6　综合绩效结果

各项结果之间相关关系的分析具有重要作用,例如,对质量结果的产品绩效指标和品牌结果的顾客指标之间的关系进行分析,寻找二者之间的相关关系,为改进产品、增强顾客满意度指明方向。产品绩效指标与顾客指标之间的相关性具有多种用途:定义并突出关键的质量和顾客要求;识别市场上产品的差异化因素;确定产品特性与顾客满意、顾客忠诚之间的因果关系。这种相关关系可能会揭示正在形成或变化的细分市场、顾客要求重要性的变化,甚至所提供的产品过时的可能性。

（一）质量结果

说明组织关键产品和过程有效性和效率绩效的结果,必要时可将结果按产品供应、顾客群、细分市场进行细分。其中要包括适当的比较数据。

a) 产品和服务的质量:在对顾客十分重要的、直接服务顾客的产品和服务绩效的关键测量项目和指标方面,组织当前水平及趋势如何,这些结果与竞争者和提供类似产品供应的其他组织的绩效相比表现如何,这些结果如何因产品供应、顾客群和市场细分而有不同。

产品服务是指以实物产品为基础的行业,为支持实物产品的销售而向消费者提供的附加服务。如果用产品整体概念来解释,产品服务就是指整体产品中的附加产品、延伸产品部分,也称产品支持服务。其目的是保证消费者所购产品效用的充分发挥。

产品和服务质量是企业生命线,是组织竞争力基础。组织应遵循客户导向的原则,识别客户最关注的质量特点,把精力放在产品和服务本身改进上。随着科学技术的进步,产品技术越来越复杂,消费者对企业的依赖性越来越大。他们购买产品时,不仅购买产品本身,而且希望在购买产品后,得到可靠而周到的服务。企业的质量保证、服务承诺、服务态度和服务效率,已成为消费者判定产品质量,决定购买与否的一个重要条件。

对于生产各种设备和耐用消费品的企业,做好产品服务工作显得尤为重要,可以提高企业的竞争能力,赢得重复购买的机会。

组织通过对比,可以了解产品在市场的真实水平和表现,以准确把握改进方向和动力。产品服务结果反映了顾客需求和期望,是组织生产、管理、经营等方面的的主要绩效表现之一,得到组织的产品服务结果,了解组织在市场中的情况表现,进而有针对性的采取措施。

总体而言,如果组织不能及时了解产品服务结果,不知道组织产品情况如何,就会导致组织产品服务效率低下。

产品结果与顾客的要求和期望有关,产品服务测量项目和指标应针对影响顾客偏好的因素,除了产品服务本身特性的指标外,还要关注与品牌管理章节中顾客需求、期望与偏好,与战略、产品与服务定位相关的要求,行业和客户的特殊要求和差异等。

产品有服务结果还应注意适当细分,应根据不同的细分市场和不同的顾客群对结果进行细分,以便更好地了解组织的产品服务与竞争对手产品服务相区别的重要特征。

仅看当前组织的固定指标不足以判断产品服务质量,还必须经过横向、纵向的比较之后,才可以得出有效结论。组织应当说明其产品或服务的关键指标的当前水平及未来趋势,并将这些结果与竞争者以及提供类似产品的其他组织的绩效做比较分析,观察组织的相对绩效表现如何。

卓越绩效是竞争的绩效,因此,组织提供的产品和服务结果应包括与主要对手和标杆的对比数据。对比数据的来源可以考虑:

➢ 竞品分析:逆向工程测试和分析研究

➢ 公开渠道:行业年鉴等、(上市)公司年报、社会责任报告、公司官网

➢ 第二方客户:对供应商评价、排名、奖励、表扬等

➢ 行业协会:交流会、行业交流资料、行业统计信息等

➢ 媒体报道:各种媒体正面、反面的报道

➢ 供应商渠道:共同的供应商处得到的对比数据和信息

➢ 商业道德:公平竞争和道德的考虑,

b) 过程有效性和效率:组织过程效率和有效性的结果如何,在关键工作和支持过程的运营绩效的关键测量项目或指标方面,包括生产率、周期时间以及其他适用的有效性、效率和创新的指标在内,组织的当前水平和发展趋势如何。包括适当的对比数据。

过程有效性指组织运行的各项过程行动有效。如果采取了某项行动,但结果无效,则说明不具备有

效性。效率是在有效的前提下进行提高。

一切过程都是为了结果,如果组织的各项过程都是无效的,则就是无意义的,因此对过程有效性和效率的衡量非常重要。

组织应结合关键过程,对应相应指标。判断企业过程有效性和效率前提是,识别出本企业的关键过程。识别出关键过程后,选择衡量关键过程的关键测量指标,与确定的关键过程指标相对应。下面列举了常见的关键过程的要求指标:

> 研发过程:新产品设计周期、新产品数量及设计成功率等;
> 市场营销过程:中标率、订单预测准确率、订单及销售量等;
> 采购供应过程:进货批合格率及准时交货率、采购成本降低率、关键供方营业收入增长率等;
> 生产过程:一次合格率、准时交货率、产量、生产周期、生产成本等;
> 服务过程:维修满意率、故障排除时间、网络接通率等;
> 设备管理过程:设备完好率、设备利用率等;
> 财务管理过程:预算准确率、应收账款回收率等;
> 信息和知识管理过程:反映准确性、完整性、可靠性、及时性、安全性、保密性的测量指标,以及知识资产的分享和推广应用增值效果(如知识库的点击率、推广增值效益等)。

过程有效性和效率结果可以按产品和业务类别的不同来细分。比如,生产业务按不同产品和业务关注点分类。采购一般按采购成本和采购风险对采购物资进行不同分类,不同类别的采购要求和重点不同。因此,过程有效性和效率结果也应按不同产品和不同业务进行细分。

为评价组织的过程有效性及效率的结果是否卓越,组织最好提供关于竞争对手的数据(可获得情况下)、行业平均的数据和标杆的数据。此外,也需要说明组织在最近3~5年,甚至更长时间,组织绩效与竞争对手和其他对比者的比较趋势。组织可以通过行业协会、行业交流和客户反馈等途径得到相关的对比数据。

(二)创新结果

说明组织在国内外关键技术的先进性,以及在技术投入及取得的专利成果方面的绩效结果。其中包括适当的比较数据。

创新成果可以分为保密性的技术和可以公开的技术两大类。可以公开技术的衡量可以用申请的专利、获奖等指标情况来获得,即用 b)创新成果标准;而不能公开的、具有保密性质的技术则不能用专利指标衡量,用 a)技术先进性标准。

a) 技术先进性:与国内外同行业竞争对手相比,组织主导产品或服务所具有的科技含量和附加值水平如何。

技术先进性是指组织当前掌握的技术能反映当前科学技术先进水平。附加值水平,指的是凭借企业独有的技术,而给企业带来的口碑等附加效应。如可口可乐,拥有其独有的配方,其代表的已上升为一种文化。

主导产品或服务的科技含量和附加值水平,对组织在市场中的定位起很大影响。企业如拥有独一无二的、难以被竞争对手模仿的技术,则决定了企业在所处市场有不可替代的地位。因此技术先进性是组织体现创新结果的标准之一。

评价组织的技术先进性,首先需要了解组织主导产品和服务所处的行业的关键技术是什么,组织目前水平如何。体现组织技术先进性的指标,除其主导产品或服务所具有的科技含量和附加值水平外,还可以增加组织的技术基础水平,包括企业技术中心、工程中心的水平(国家级、省级、市级等)、重点实验室情况(省级还是国家级)等。

判断组织的技术先进性水平时,可按产品、服务、专业等进行细分。从而能更清晰地了解组织技术的整体水平如何。对比数据来源一般包括以下几个方面:

> 企业战略和技术评估的结论；
> 行业论坛、年会、行业交流等，了解行业技术的发展方向和水平；
> 技术中心和重点实验室等技术基础的级别；
> 国家级企业技术中心每两年的一次评价排名。

b）创新成果：与国内外同行业竞争对手比较，组织拥有技术专利的数量和水平如何。组织主导或参与国际、国家技术标准制修订数量，以及核心技术获得国家科学技术奖励、管理创新奖励情况如何。

创新成果一般指组织拥有的技术专利及水平。企业的创新成果是决定组织能否比竞争对手更胜一筹的关键因素之一。如果组织拥有专利技术，就比竞争对手有更大的竞争优势。例如诺基亚，其掌握的2G专利技术，每生产出一台手机，诺基亚就收到一笔相应的专利费，这就是典型的专利优势。

如果组织有主导或参与国际、国家技术标准制修订，或者凭借核心技术获得国家科学奖励的，说明这样的组织是被权威机构认可的，代表了组织在其行业内"一流"水平的地位，更被顾客接受认可。

为有效分析组织的创新结果，组织需要与竞争对手做对比，了解组织在市场中的创新成果处于怎样的市场地位。对比数据来源一般可以考虑以下几个方面：

> 专利——知识产权网；
> 标准——国家标委会网站；
> 国家、省市相关技术奖励；
> 公司网站、年报以及社会责任报告等。

C）成果转化：组织在推出新产品、新服务的能力及新产品产值率等方面水平和趋势如何；组织在管理创新成果获奖及推广方面近三年绩效水平及趋势如何。

成果转化是指应用各项技术、创新成果转化为组织生产力。在衡量组织成果转化能力时，主要可从技术创新和管理创新两大方面看其成果转化能力。技术创新体现在新产品、新服务方面，其衡量指标是新产品、新服务的能力及新产品产值率，管理创新成果获奖及推广等；管理创新体现在绩效提升、过程能力提升方面。

组织的最终直接面向顾客的是产品或服务，使产品服务得到顾客认可才是组织产品服务的最终目标，先进的技术和创新成果都是为组织的产品或服务而服务的，把组织先进的技术以及创新成果投入到新产品、新服务的开发中，转化为先进生产力，才是创新的完整过程，才是创新的最终目的。如诺基亚首先研发了智能手机，但由于没有把这项关键技术转向成果生产产品投入市场，错失良机，最终被市场淘汰。因此成果转化能力也是至关重要的一个环节。评价公司成果转化水平重点关注以下的几个方面：

> 技术投入——技术研发投放占比；
> 技术产出——新产品产值率、新产品贡献率等；
> 成果转化——专利成果转让的收益；
> 成果推广——企业技术成果在内部的应用推广收益。

评价组织成果转水平时，还要重点考虑成果转化和收入是否来自于公司主导产品和服务，以及与对手和标杆对比情况。一般可以通过上市公司年报、企业社会责任报告，以及技术中心评估等能收集相应的对比数据。

（三）品牌结果

说明组织在品牌投入、品牌知名度、以及品牌国际化等方面的绩效结果。其中包括适当的比较数据。

a）顾客满意：组织在顾客满意和不满意的关键测量项目和绩效指标的当前水平和趋势是怎样的，这些结果与竞争者和提供类似产品的其他组织的顾客满意水平相比较表现如何，这些结果如何因产品供应、顾客群和市场细分而有不同。

顾客满意是指一件产品的绩效满足顾客期望的程度。亨利·阿塞尔认为，当商品的实际消费效果达到消费者的预期时，就导致了满意，否则则会导致顾客不满意。

顾客满意测量能就特定的产品和服务特征、交付、相互关系以及交易等提供诸多的有用信息，这些都会影响顾客的未来行为，如再次惠顾、良好的口碑以及向他人推荐等。

如果对企业的产品和服务感到满意，顾客也会将他们的消费感受通过口碑传播给其他的顾客，扩大产品的知名度，提高企业的形象，为企业的长远发展不断地注入新的动力。因此，顾客满意是衡量品牌结果的标准之一。

顾客结果主要分为顾客不满意、顾客满意、顾客忠诚和顾客契合。要说明顾客没有不满意不等于顾客满意，因此需要分别看顾客不满意和顾客满意两个指标。

顾客的不满意不应该只以顾客满意为基准做对比得出，顾客不满意度应该单独确认，识别顾客不满意的根源，针对根源采取措施，避免未来不满意。顾客不满意的衡量指标包括：顾客投诉、抱怨、退货率等。

顾客忠诚度是指由于质量、价格、服务等诸多因素的影响，使顾客对某一企业的产品或服务产生感情，形成偏爱并长期重复购买该企业产品或服务的程度。真正的顾客忠诚度是一种行为，而顾客满意度只是一种态度。顾客忠诚度的衡量指标一般有顾客推荐、重复购买（垄断性忠诚、降价忠诚、粉丝）、顾客流失等。

顾客契合：顾客契合可以理解为组织产品服务的"粉丝"，顾客愿意投入时间和精力与组织一起成长。衡量指标有：专注，指顾客集中注意某某品牌或企业等客体的程度，反映契合的认知成分；奉献精神，指顾客对某企业或品牌的归属感，反映契合的情感成分；活力，指顾客与契合客体互动中的活跃程度；互动，指契合的主体和客体之间的双向沟通。活力和互动反映契合的行为成分。

为确保调查数据的有效性，需要把主观指标和客观指标分开来看。主观指标是指随顾客转移而变动的指标，一般指感性指标，是顾客对组织的产品服务的感知评价；客观指标指组织的硬性指标，产品各项性能评价等，这些客观指标是不以人的意志为转移的。

顾客满意的衡量指标可以从多种渠道收集，如顾客投诉、营销服务人员反馈、电话调查、邮寄调查、抽样面谈调查、用户座谈会、媒体报道、行业报告、得/失分析、交易成功率等，以确保顾客满意信息的准确性、及时性和全面性。

顾客满意、顾客不满意、顾客忠诚和顾客契合的确定，需要根据顾客群的不同采用不同的方法。组织在确定顾客满意程度时，要与竞争者、竞争性或替代性产品提供者、或其他提供类似产品或服务的组织的满意程度进行比较，利用顾客相对满意度确定组织在顾客心中的形象。这些信息可来自于组织自己所做的比较研究，也可以来自第三方独立的调查。客户评价调研，关键客户评价，供应商排名，顾客真实评价（排除品牌粉丝等特殊情况），相关国家机关、媒体等报道和评价、行业协会，这些都是获取相对满意度数据的可能途径。

b）市场绩效：组织在市场绩效的关键指标上，包括市场份额、市场地位、新增市场等方面在内，组织当前的水平和发展趋势如何，这些结果如何因组织单位和顾客群而不同。

市场绩效指企业在一定的市场结构下，通过一定的市场行为使某一产业在价格、成本、产量、利润、产品质量、品种及技术进步等方面的最终经济成果。它实质是反映了在特定的市场结构和市场行为条件下市场运行的效率。

市场绩效是产业组织合理化的基本判别标准，反映了组织市场运行的效率。因此在衡量品牌结果时，市场绩效是不可缺少的一个方面。

衡量市场绩效的关键指标包括：市场份额、市场地位等。市场绩效指标可包括业务增长的测量，新产品、项目、服务或新进市场（包括电子交易和出口），新产品、项目或服务的销售额比重。对非营利组织，市场绩效指标可包括慈善捐款或拨款、组织所提供的新项目或服务的数量两个指标。

要有效衡量组织的市场绩效，需要细分不同市场，分别看组织在细分市场上的市场份额、市场地位等指标，才能更准确的得到组织的市场绩效；细分顾客，分别看组织在不同顾客群体的市场绩效，看目标客户群体的市场绩效数据比只看整体顾客群体更有分析意义。

c) 品牌价值：组织在品牌知名度、美誉度方面的水平和趋势如何，组织的品牌价值水平趋势如何（适用时）。

品牌价值是品牌管理要素中最为核心的部分，也是品牌区别于同类竞争品牌的重要标志。迈克尔·波特在其品牌竞争优势中曾提到：品牌的资产主要体现在品牌的核心价值上，或者说品牌核心价值也是品牌精髓所在。

"品牌价值"概念表明，品牌具有使用价值和价值。仅从价值来看，"品牌价值"的核心内涵是，品牌具有用货币金额表示的"财务价值"，以便商品用于市场交换。

国内对品牌不重视，认为品牌＝广告、品牌＝产品质量。认为品牌价值是虚无缥缈的事。因此，通过品牌评估，使企业更好评估在品牌建设方面的成效和投入产出比，从而更有效地改进品牌建设工作。

品牌是企业的信誉，知名品牌代表国家的形象。在经济全球化时代，打造知名品牌已经成为各国经济和科技竞争的制高点，是企业乃至国家核心竞争力的重要标志。

（四）经营绩效

说明组织的关键经营结果方面的绩效结果，包括财务结果、员工结果以及社会贡献。必要时可将结果按细分市场、员工类别分别说明。其中要包括适当的比较数据。

a) 财务结果：在财务绩效的关键指标上，包括盈利能力、财务回报、财务生存能力（资产负债率、流动比率）和预算绩效的综合指标在内，组织当前的水平和趋势如何，这些结果如何因市场细分和顾客群而不同。

财务结果是体现企业财务绩效的所有输出指标。考察组织的财务结果，能够全面了解组织在财务上的成功和面临的挑战。考虑到企业性质、行业的不同，其各自的关键指标存在差异，可以初步把指标分为两大类：综合指标和专业指标。综合财务指标主要包括：

➤ 盈利能力（市盈率、每股收益）；

➤ 财务回报（投资回报率、资金回报）；

➤ 财务生存能力（资产利用率、流动资金、资产负债率、流动比率、资金利用率、目前的现金存量天数、现金流量指标）；

➤ 预算、利润或损失、现金状况、净资产、负债杠杆、现金周转周期、财务运作效率（收款、开票、应收账款）。

判断组织当前的水平和趋势如何。一般用比较数据得出结论。比较性数据和信息是通过标杆分析和竞争性比较而获得的。"标杆分析"是在组织所在行业的内部或外部，辨识代表同类活动的最佳实践和绩效的过程和结果。竞争性比较即将组织的绩效与组织的竞争者及其他提供同类产品和服务的组织进行比较。趋势是对比往年数据与当前数据，观察其趋势变动。该数据的来源可能是年报、行业协会、第三方咨询机构等。

b) 人员结果：说明组织在员工满意感测量，以及全员劳动生产率、员工参与、员工流动、员工培训等绩效指标的水平和趋势如何，可将结果按员工构成的多样性和员工群体加以细分（适用时）。其中要包括适当的比较性数据。

人员结果，用于展示组织如何创建和保持一个积极的、富有效率的、学习和互相关心的工作环境。本部分的结果来自前面条款描述的活动，并与其职能战略与行动计划相关。

员工是企业核心竞争力的来源，企业员工管理的最终目标，就是通过对企业人员的整合来驱动企业核心竞争力，进而对企业整体战略目标的实现提供支持。因此，需要对人员结果做衡量分析。

人员结果的统计需要从主观和客观两方面分析，即综合指标包括了主观指标和客观指标。主观方面的分析采用感性测量的方式调查员工满意度，即设计调查问卷对员工调研。

员工满意感调查指标包括员工工作时间（自愿加班时间）、现有员工推荐新员工的人数、缺勤、抱怨、员工流失、员工参与等。

客观指标主要包括员工工资(薪酬待遇)、员工劳动生产率、员工培训等指标。除这些综合指标外,企业可以在加上对本企业来说重要的其他指标。需要说明的是,员工参与不是简单的参与或出勤,它也可称为员工契合,即员工愿意积极主动参与企业管理的意愿及行动。

员工结果应根据员工类别、组织的进行细分,以便更好了解不同类别员工的绩效表现,从而有针对性地去制定相关提升计划。

为了更好理解员工结果水平,组织应提升适宜的对比数据,主要包括员工劳动生产率、薪酬待遇、人员结构等。一般这些对比数据可以通过上市公司年报、行业协会、统计局、第三方咨询机构等获取。体现企业人力资源情况的数据可参考第三方评价,如最佳雇主评选等。

c)社会贡献:组织在履行社会责任、提升行业竞争力、推动产业升级、促进社会发展的作用如何;说明组织近5年获得省级以上的表彰奖励。

这里的社会贡献指组织为国家或社会或产业做出的贡献。组织积极做社会贡献,可以增加公众对企业的信任感和美誉度,可以提高企业的公众形象。从事这些活动是一种行之有效的广告宣传形式,可以促进企业产品的销售,有利于提高企业的长期价值。

组织的社会贡献的可以从以下几个方面来反映:

➢ 行业竞争力。主要体现为中国制造、中国服务。例如,组织的产品服务得到广大顾客群体的认可,在其行业领域内有强大的影响力,甚至可以代表行业龙头水平时,说明对于提高国际竞争力,该组织有很大的社会贡献。同样,组织一直持续创新发展,处于行业前沿,有较强的行业竞争力。

➢ 在产业结构转型,供给侧改革方面的推动作用。供给侧改革能够在一定条件下促进中国产业转型。供给侧改革引导下的产业转型,因产业结构调整确保优势行业持续快速发展的同时,其目的是更好地促进经济发展,培植新的增长点。

➢ 推动产业进步。将质量管理的成功经验和先进方法向产业链两端延伸推广,带动行业整体质量水平提升与产业优化升级;发挥对中小组织的带动提升作用,引领新产品开发和品牌创建,带动中小组织实施技术改造升级和管理创新,提升专业化分工协作水平和市场服务能力,增强产业链和组织集群的质量竞争力;促进和带动区域特色产业发展,形成区域产业集群,创造就业机会,提高区域就业率,积极参与社区活动,支持区域教育和文化发展。

➢ 促进社会发展。组织做社会贡献可以一定程度上改善民生,不同的组织社会贡献的方向不同,如医疗行业就是改善人民体质、保证身体健康。

➢ 社会责任。主要包括节能、减排、环保、安全等表现情况。组织在履行社会责任方面,需要注重的有积极履行节能减排、保护环境的责任,实现可持续发展。企业在遵守遵纪守法、诚信经营、公平竞争的道德规范的表现。组织积极参与社会公益活动等。

➢ 表彰奖励。体现了社会对组织能力、水平的认可,是体现企业社会贡献的一种衡量指标。

第五节 评价方法

一、评价标准评分条款

天津质量奖评价标准详细解读见本章第四节,各指标条款分值分布详见下图。

表1-1 卓越模式评价准则评分条款分值表

一级指标		二级指标	
条款	分值	条款	分值
4.1 驱动力	200分	4.1.1 领导力	50分
		4.1.2 战略管理	50分
		4.1.3 员工开发	50分
		4.1.4 关键资源	50分
4.2 质量管理	100分	4.2.1 质量策划	30分
		4.2.2 质量控制	40分
		4.2.3 质量改进	30分
4.3 创新管理	100分	4.3.1 创新决策	20分
		4.3.2 创新需求	20分
		4.3.3 技术规划	20分
		4.3.4 创新流程	20分
		4.3.5 创新机制	20分
4.4 品牌管理	100分	4.4.1 品牌规划	40分
		4.4.2 品牌推广	30分
		4.4.3 品牌维护	30分
4.5 质量结果	100分	4.5.1 产品和服务结果	50分
		4.5.2 过程有效性结果	50分
4.6 创新结果	100分	4.6.1 技术发展结果	40分
		4.6.2 管理创新成果	30分
		4.6.3 社会贡献	30分
4.7 品牌结果	100分	4.7.1 品牌价值	30分
		4.7.2 顾客结果	40分
		4.7.3 市场结果	30分
4.8 关键绩效结果	200分	4.8.1 财务结果	50分
		4.8.2 员工结果	50分
		4.8.3 资源利用结果	50分
		4.8.3 领导结果	50分

二、评价内容

针对天津质量奖标准,主要对过程及结果两类条目进行评价。过程类条目主要包括 4.1－4.4 中内容,共计 500 分;结果类条目主要包括 4.5－4.8 中条款,共计 500 分。

1.过程

"过程"是指:组织针对标准中各评分条款要求,所采用的方法及其展开和改进。在过程类条目中,结果——途径——部署——评估联系在一起,以强调对于方法的说明应该总是指出其与条目的具体要求相一致的展开;随着过程的成熟,对其的说明就应该总是指出学习循环(包括创新),以及与其他过程和工作单位的整合;虽然结果——途径——部署——评估是联系在一起的,对于申请奖项的组织的反馈则反应了每一个或是全部这些因素的优势或是改进空间。

2.结果

"结果"是指:组织针对标准各评分条款要求,所得到的输出和效果。结果类条目要求就关键的组织绩效测量指标和关键的组织要求的整合给出绩效水平、趋势和相关的对比;结果类条目还要求提供关于汇报的绩效结果的广度的数据,这直接与方法的展开和组织的学习相联系,如果改进过程得到了广泛的共享和展开,就应该有相应的结果;某个结果条目的得分是一个综合,它基于总的绩效,同时考虑到改进的速度和广度及其对条目要求和组织的重要性。

上述的两个评价尺度对于评价和反馈是非常重要的,但不可忽略另一重要因素,即组织所报告的过程和结果相对于组织的关键的经营因素的重要性。

三、天津质量奖标准评价方法

本标准按照 RADA 逻辑来评价系统过程的成熟度,即结果(Results)、途径(Approach)、部署(Deployment)、评估(Assessment)。

(1)结果

确定组织所要达到的目标。在一个卓越组织内部,其结果将是持续不变的良好绩效,以及积极的发展趋势,通过适当途径实现或超越的各项组织目标。此外,结果的范围亦明确了组织在经营上、财务上等各相关领域的绩效。

➢ 目标:组织有无设定了关键结果目标;目标设定是否恰当;组织绩效的当前水平是否达到了目标。

➢ 趋势:组织绩效改进的速度和广度。

➢ 比较:关键结果是否达到之前设定的目标;关键结果与适宜的竞争对手或类似组织的对比绩效处于什么水平;关键结果与标杆或行业领先者的对比绩效处于什么水平。

➢ 因果:结果和相关方法的关系如何。重点关注结果是否由采用的相关方法达成,以及是否由支撑证据,证明良性绩效能够持续保持。

➢ 整合:结果是否涵盖相关方的需求和期望;是否与组织的战略一致;最重要的结果得到识别和关注;结果被适当细分;结果是否及时、可靠、准确。

(2)途径

策划与开发方案,组织行动计划及其原因。卓越组织往往有一个可靠的途径来传达现在及将来对于结果的需求。这些途径合乎逻辑、定义准确、流程完备、关注利益相关者的需求,有力支持组织的战略、政策,并与其他途径相互关联。

➢ 实施该过程所用的方法;

➢ 方法的适宜性,包括对标准评分条款要求和对组织实际的适宜程度;

➢ 方法的有效性,是否导致了好的结果;

➢ 方法的系统性,包括可重复性以及基于可靠数据和信息的程度。

➢ 方法的战略性,包括方法是否与组织战略目标紧密相关,是否支撑战略目标的达成。

（3）部署

组织如何部署这些方法，以及方法将如何展开、实施。卓越组织将用系统的方法在相关领域施行这些途径。

➢ 方法针对条目要求的应用对于组织是相关的和重要的；

➢ 方法是否持续应用；

➢ 方法是否在所有适用的部门应用。

（4）评估

对方法和部署进行评估和完善。在一个卓越组织内，途径、部署总是置于常规监督之下，根据这些监测和分析达到的结果及持续的学习活动，组织将确定途径的优先顺序、执行计划及改进环节。

➢ 通过循环评价和改进，对方法进行不断完善；

➢ 鼓励通过创新对方法进行突破性的变革；

➢ 在各相关部门、过程中分享方法的改进和创新。

四、天津质量奖评分标准细则

表 3－1　RADA 评分矩阵——结果

要素	评判标准	0% 0%～10%	25% 15%～35%	50% 40%～60%	75% 65%～85%	100% 90%～100%
目标	➢ 设定了关键结果目标； ➢ 目标设定恰当； ➢ 达到了目标。	没有结果或零星得到的信息	实现1/4的目标且目标适宜	实现1/2的目标且目标适宜	实现3/4的目标且目标适宜	实现了所有的目标且目标适宜
趋势	➢ 积极的趋势； ➢ 和（或）保持优秀绩效。	没有结果或零星得到的信息	最近3年约1/4的结果呈现积极的趋势或满意的绩效	最近3年约1/2的结果呈现积极的趋势或满意的绩效	最近3年约3/4的结果呈现积极的趋势或满意的绩效	最近3年所有的结果呈现积极的趋势或满意的绩效
比较	➢ 对关键结果进行了比较； ➢ 合理比较； ➢ 比较结果良好	没有结果或零星得到的信息	经比较，约1/4的结果较好	经比较，约1/2的结果较好	经比较，约3/4的结果较好 所有的结果较好	
因果	➢ 理解结果和相关方法的关系； ➢ 基于已有证据，能够确信良性绩效能持续保持。	没有结果或零星得到的信息	约1/4的结果有明显的因果关系	约1/2的结果有明显的因果关系	约3/4的结果有明显的因果关系	所有的结果有明显的因果关系
整合	➢ 结果涵盖相关方的需求和期望； ➢ 与组织的战略一致； ➢ 最重要的结果得到识别和关注； ➢ 结果被适当细分； ➢ 结果及时、可靠、准确。	没有结果或零星得到的信息	结果涵盖约1/4的相在值域和活动	结果涵盖约1/2的相在值域和活动	结果涵盖约3/4的相在值域和活动	结果涵盖所有的相在值域和活动

表3-2　RADA 评分矩阵——过程

要素	评判标准	0% 0%～10%	25% 15%～35%	50% 40%～60%	75% 65%～85%	100% 90%～100%
方法	合理性： ➤ 有清晰的依据； ➤ 有过程支撑； ➤ 关注相关方需求； ➤ 内部完善机制。	没有证据或零星得到的信息	有一些证据	有证据	有明显的证据	有全面的证据
	协调性： ➤ 支持方针与战略； ➤ 与其他方法合理衔接。	没有证据或零星得到的信息	有一些证据	有证据	有明显的证据	有全面的证据
部署	实施： ➤ 方法在相关领域得到实施；	无实施证据	在 1/4 的相关领域得以实施	在 1/2 的相关领域得以实施	在 3/4 的相关领域得以实施	在所有相关领域得以实施
	系统性： ➤ 方法及时和系统展开，能随外部环境需要管理变化。	没有证据或零星得到的信息	有一些证据	有证据	有明显的证据	有全面的证据
评估	测量： ➤ 对方法和展开有效性和效率经常性测量； ➤ 合理选择测量方法。	没有证据或零星得到的信息	有一些证据	有证据	有明显的证据	有全面的证据
	学习与创造性： ➤ 用于识别内外部最佳实践和改进机会； ➤ 用于创造性确保方法的更新改进。	没有证据或零星得到的信息	有一些证据	有证据	有明显的证据	有全面的证据
	改进与创新： ➤ 创造性成果的评估、确认和应用。	没有证据或零星得到的信息	有一些证据	有证据	有明显的证据	有全面的证据

第三章　企业申报质量奖实施指南

卓越模式标准的应用引出这样的问题作为一个系统性的管理框架和评价工具,其实施的利益何在。最近的研究表明,在决定是否推行卓越模式标准之前,高层领导需要从四个方面进行考虑。

一是高层领导对整个进程及长期性要求的责任和投入。

二是在实施标准中所需的时间与资源。

三是实施过程的贯彻与员工认同。

四是培训的投入,并理解标准条款的结构性和系统性。

一些研究表明卓越模式项目是高绩效组织的一个关键项目,是市场环境的竞争性的一个重要手段。另外,企业不能因获奖而满足取得的成绩,要持续改进,保持市场竞争地位,维护品牌溢价。在下列各节中我们会更详细地阐述这些因素。

第一节　领 导 的 作 用

一、领导的承诺和决心

项目的推动需要时间和精力,高层领导要保持耐心及对长期推行的决心和责任,不要仅仅迷恋于短期收益。质量奖标准不是快速见效的速效药丸。从评审员的反馈中可以看出,高层领导是推动项目的最关键人物,其责任心也是推动项目达到成功的关键要素。布朗(Brown)指出,高层领导在推行项目中所担当的责任高于组织其他人。高层领导对项目的推动和全力支持是项目成功实施的关键因素,高层领导对质量奖项目的担忧会引起整个组织的疑虑。而现实情况是,高层领导确实没有完全理解质量奖标准的实施范围和内容,不理解项目推动的长期性。

我们敢肯定地说,高层领导尽早参与并了解导入和实施质量奖标准的过程需要至少三到五年的时间是非常重要的。质量人员或项目经理常常被选为项目实施负责人,他们应当全力地支持高层领导以推动项目得以成功。全面推动所需要的时间精力以及将质量奖标准植入组织的文化中,这些对一些组织来说都可能是推行标准主要的障碍物和绊脚石。

在这个变革的时代,领导者对质量奖标准的承诺是至关重要的。没有领导者的承诺,组织将不可能推动成功。所有推动质量奖项目的实施者都强烈反应,需要高层领导的承诺和责任。

二、领导的角色和责任

领导导入和实施标准中的角色:为项目最重要的人物、责任心、理解标准,全面负责标准实施。

（一）能力和素质的要求

与其说实施质量奖项目所需要的能力和素质,不如说高层领导所需要进行的准备条件。近期的研究和企业的实践表明实施质量奖项目需要高层领导具备以下条件:一是对标准的充分理解和把握;二是变革的意识和魄力;三是战略和全局眼光。

"愿景点燃希望",使命将希望转化为现实。这是领导力的起点。领导者必须创造愿景,决定使命、定义文化和价值观,并在此基础上建立战略目标。质量奖标准有一系列问题涉及愿景、使命和价值观。愿景不仅仅是简单地表明什么是对公司好的,更重要的是什么是对员工、当地社区、利益相关方、供应商、客户、合作伙伴、整个社会是有益的。关注这些群体,有强烈道德观的领导必须有长远的眼光,要以人为本,激发员工的自豪感。相反的,一般的 CEO 则不具备这一点,喜欢以自我为中心,伴随产生的是恐惧与困惑。

短期聚焦正反映出如戴明博士所说的"致命毛病",仅仅强调短期收益会导致"多数总裁在考虑他们是在做业务挣钞票,而不是在制造产品和提供服务"。领导者要明确价值观,实现使命,建立行为标准并将这些行为植入组织文化中,这个使命不是业务导则、规范、角色、系统和流程,它是更高的、称为"天职"的责任、宗旨的实现,用一组价值观去引导每个人的行动。

这也反映于吉姆·柯林斯(Jim Collins)的实际研究,他指出:持久伟大公司的存在不仅仅是给股东赢得回报,作为一个伟大的公司,它的现金流如同健康机体的血液和水,它们对生命来说是非常重要的,但它们不是生命的意义。"

(二)牵头的角色

有些组织在导入实施质量奖项目时交由质量人员或者项目经理牵头,但推行过程中往往遭受更大的阻力,甚至成为了几个人的工作。结果也往往使得项目产生不了什么效果,高层反而失去了信心。根据成功企业的反馈,高层领导必须在项目中扮演牵头的角色,引起组织的重视,给予项目充分的资源支持。

(三)推行的角色

高层领导者的推动计划需要得到来自组织,特别是中层经理和高层领导人的认同。必须要有坚定的目标以及对质量奖标准的理解,在实施时必须得到参与者的理解。

获得所有员工的认同也是决定性的重要因素。在没有开展培训,没有得到参与推动活动的员工的认同情况下,试图推动质量奖标准是不明智的举动。

高层领导需要将质量奖推行的好处贯彻到各个层面的员工,在项目的实施过程全力支持和投入,保证项目的顺利实施。

(四)激励角色

在贯彻过程中,高层领导需要做好激励的角色,保证质量奖的推行和贯彻,让员工体会到领导的决心,并在质量奖项目中获益。

(五)正视问题

项目推行初期会遇到的共同问题是,高层领导将精力重点放在质量奖项目上,但却没有产生所期望的结果。与现代标准"立竿见影"及关注短期计划不同,高层领导需要对质量奖标准保持关注和承诺,如果没有做到这一点,肯定会使项目中途流产。质量奖标准被许多高层管理者视为一种绩效刺激的方法,因为标准可以使他们从战略和历史的角度去审视组织,在协调和聚集不同部门的共同努力下,可以对组织的整体绩效进行改善。

三、领导的支持

领导必须支持质量奖项目的实施,这需要大量的时间和全力的资源支持。质量奖标准体系导入实施所需的时间和资源常常被反对者们认是质量奖的最大弱点。根据布朗(Brown)的观点,对于一个组织引入和考虑推行质量奖标准的主要顾虑(时间和资源)有规模大小、范围、方向和组织成熟度。作为组织规模的考虑,即使小企业也可以通过引入和推行波多里奇标准来改善绩效。克劳诺弗是达拉斯市的德克萨斯标牌公司的 CEO,这家公司只有 64 名员工,曾两次获得美国波多里奇国际质量奖。克劳诺弗认为,小规模企业在沟通上更有优势，支持变革上更加容易，因为他们的管理幅度相对更小。一些研究表明，长远来看，短期的资源投入对组织有客观的收益，不限于企业管理水平的提升，市场地位的提升及财务绩效的优化。

第二节　培训的重要性

高层领导、中层领导和员工培训是决定是否能长期坚持并取得成功的关键因素，对员工进行组织战略的培训是非常重要的，他们要理解和参与到绩效改进活动之中。布朗（Brown）推荐在开始推进项目之前，高层领导就要参与进来，高层领导在决定这个系统性变革实施之前，需要充分了解它对组织、对人员、对领导者能力的要求。

在初始时期，应指派高层人员为质量奖项目的负责人，这个人需要充满热情，对质量奖地实施全身心地投入和承诺，还要持续学习关于质量奖标准的知识。这个人应该参加培训，应该成为一个合格的质量奖评审员。从这一意义上来说，这个人还应该为其他人做培训，将质量奖标准的收益传播给所有人。在一个公司里，有这样才能的人应该不止一人。

培训是一个非常重要的领域，这里列出几个阶段，是我们推荐在实施和培训中所需要的，如果企业是突然"跳进"并非"逐渐渗透"，质量奖项目在起初培训阶段可能会显得非常有压力。对于员工的认识问题，初始的培训是非常关键的。

一、标准宣贯，理解理念

质量奖标准宣贯培训是讲解如何撰写质量奖申请及如何准备收集一些必要的文件，掌握质量奖的知识，可以组织全体成员、特别是管理层及执行层宣传介绍质量奖标准。目标是使他们能够接受质量奖。我们建议，指定两个人，一个主要负责，另一个人做为后备，收集数据、填写表格、完成题目。还要有一个写作班子，这个写作班子应该进行额外的培训，能够对照质量奖标准考察组织现有的流程并完成文字性的工作。有时为加快进程，组织也可邀请外部咨询专家加入，还可以借助外部专家的个人魅力和激情推动迅速的变革。在大多数情况下，由于咨询专家有过其他组织的工作经历，他们有加速进程的独特的能力。

需要格外注意的是，组织不能将领导的个人名字等同为质量奖项目，这不是他一个人的工作，如果一个有强悍个性的质量奖标准项目总负责人不能使组织文化朝积极的方向发生变革，反而会阻碍组织的持续改善使改革偏离方向，使得组织陷入无序混乱之中。应该注意到，质量奖项目的负责人不能凌驾于质量奖项目的实施之上。

二、自我评价

自我评价的目标是识别改进的领域，引领变革、维持一个使之连接、通晓业务环境的战略，并使之更具前瞻性。自我评价不仅能改善运作流程，还能改善管理流程和战略流程。为此，自我评价影响到组织学习，特别是双循环学习（double-loop Learning）。初始阶段质量奖组织会满足于自我评价。

在充满激情地启动之后，自我评价的结果可能会成为实施进一步努力的绊脚石，百分百地按照质量奖标准真实进行的自我评价可能审出所有流程都有问题。但是即使领导者发现了一些问题，他们仍会确信首次自我评价会得到很高的分数。因为过低的自我评价评分造成的巨大差距，需要很大程度的改进。这也会直接导致质量奖项目流程就此终止。

必要时可以请外部的咨询专家帮助做自我评价，质量奖咨询专家们会以积极的态度关注实施中的长期问题。经过严肃认真的讨论，质量奖对改进机会[Opportunities for Improvement（OFD）]做评价高层领导将认识到这些改进机会是质量奖标准中最重要的组成部分。当高层领导者认识了并热情拥护改进机会时，质量奖真正的改进才会开始。

三、执行层的培训

大多数情况下质量奖项目负责人或外部讲师都可以做执行层这类,尤其是质量奖的外部咨询专家可能在这一阶段是非常有价值。因为外部的咨询专家可以坦率地、无所顾忌地展示和强调在向质量奖标准转向过程中对高层领导者提出的要求。在这个培训中质量奖可以进行知识分享,对改进机会(OFD)进行优先度分级,并与组织的战略目标保持步调一致。这就是为什么质量奖标准是绩效卓越的一个强有力工具。在培训中对高层管理者最核心的要求是识别优先度,并制订能够系统地完成这些优先级的行动计划。高层管理者在完成培训之后,应该能够做到对实施和推动积极正向的变革做出自己的承诺。

四、全员培训

全员培训可以由公司内部的质量奖项目负责人或外部讲师来完成,也可以将他们的培训内容结合起来,做出确保公司上上下下所有的员工都至少了解关键信息及接受培训的计划。全员培训可以安排在午餐时间或者举行一些非正式的讨论会。这样可以涉及尽可能多的员工,把质量奖标准的思想灌输给他们,从而使他们在工作中自觉执行以达到预期的变革。

第三节 实施工作流程

一、导入和实施前的准备

首先,高层领导的决心、信心以及支持必不可少,关于此项内容也在前文进行了详细阐述。

其次,针对各个层面的人员开展系统的宣贯和培训,具体的培训目的和内容,可参照前文培训的重要性的相关内容。通过培训,让各个层面的员工认识并理解质量奖项目和标准。这对之后质量奖项目的导入实施起到重要作用。

最后,我们强烈地建议在导入和实施之前,制订一个实施的流程和战路以应对变革。这个计划应该是充分详细地为组织的所有人员提供清晰的报告。明确高层领导、中层领导及所有层面的员工的角色和责任。

二、实施工作流程

实施质量奖项目是一个综合系统的过程,它涉及组织结构、绩效管理变革、员工意识和行为和意识转变、企业机制和文化的转型等,这绝对不是一蹴而就的。我们将质量奖项目的导入实施分为四个阶段。

(一)理念认同期

组织的高层领导和高管团队对质量奖项目逐步形成共识,通过培训学习、参观交流等方式,提高高层信心。

根据组织的实际情况,成立公司质量奖项目领导机构和质量奖项目办公室,领导机构由组织最高负责人担任。项目办公室作为常设推动机构,对整个项目的导入实施进行监督、协调和评估。

(二)探索导入期

在质量奖导入期间,组织可以像做一个项目或工程一样,系统部署、循序渐进。对于质量奖项目的导入流程,不同组织情况不同,导入方式和流程也不同,我们建议对组织管理现状进行系统梳理、自我评价,与专项改进是必不可少的。这里我们列出某公司导入质量奖项目的工作流程,供大家参考。当然,在导入探索期,组织也可以通过寻求外部咨询与支持,推动项目的顺利实施。

表3—1　质量奖项目导入实施计划表(示例)

阶段	工作项目	工作事项
1 工作计划及总体设计	组建工作班子	成立创奖工作班子 1.成立创奖领导小组,由企业领导挂帅,各部门负责人参加。 2.任命企业副经理具体负责创奖工作的组织与协调。 3.成立临时性的"创奖办公室"(或同类机构),从相关部门选派得力人员5～7人参加。
	创奖动员和准备	1.召开企业创奖动员大会,中层干部以上人员参加。 2.由企业总经理作报告,阐述创奖的意义目的和要求。 3.介绍创奖工作程序及要求。
	企业管理现状诊断	1.下发管理诊断工作计划,通知各部门负责人做好准备。 2.各部门负责人及相关工作人员总结本部门工作内容,整理相关工作文件和工作记录。
	创奖培训与宣传	1.卓越模式标准培训参加人员包括: 企业领导、中层干部、各部门负责人、创奖办公室成员及报告编写人员参加标准培训。 2.自评报告编写培训参加人员包括: 创奖办公室成员及报告编写人员参加标准培训和报告编写培训。 培训由创奖办公室和人力资源部联合组织,培训要求: ● 组织者应每天点名,保证培训学习秩序, ● 参加培训的人员应遵守时间,关闭手机,认真听讲。
	卓越模式的策划	1.参加现状分析的人员包括: 主管经理及各部门的负责人,以及创奖办公室成员,以确定公司应导入那些适用的质量管理工具,如SPC、六西格玛管理等。 2.创奖办公室负责组织相关部门整理证实性材料。
	企业核心价值观、使命、愿景	企业公司的价值观、愿景、使命,提交领导确定,必要时进行讨论。
2 编制自评报告	自评报告编写	由创奖办公室制定详细的报告编写计划,确定各部门的报告编写任务,编写人员及完成时间。
	其他资料的编制	1.由创奖办公室负责组织各部门编制自评报告。 2.结合企业各项管理及创新的要求,确定报告的创新点。 3.按专业安排由各职能部门编写并按期汇总到创奖办公室。

阶段	工作项目	工作事项
3 卓越模式运行改进	自评师培训	1.企业里从各部门挑选 2～5 人作为企业自评师,参加自评师培训。 2.具有一定职务和良好的管理素质。 ● 业务能力和文化水平 ● 沟通协调能力 ● 强烈的责任心,客观公正 ● 参加过卓越绩效模式标准培训 3.考试合格(70 分)的,由企业里下文件,企业总经理正式任命其为企业自评师。
	运行前教育、宣传和准备	1.各单位按照创奖办公室的培训计划要求组织培训学习卓越模式。 2.采用各种方式,进行卓越绩效模式的宣传和贯彻,培训方式可采用讲课、自学、开会讨论、知识竞赛等方式。 3.每个部门的管理者及员工应了解公司的愿景、核心价值观,明确自己的职责,对自己从事的活动应何时做、如何去做、做到何种程度、填写什么记录等。
	运行和监督	1.负责按卓越绩效模式要求规范各项管理活动。 2.由企业创奖办公室制定卓越绩效模式运行过程中的监督检查计划,每周按计划对各部门的创奖工作进行检查和运行指导。
	企业自评	1.企业从各部门挑选 7 位自评师组成评审组,主管领导为组长。 2.由创奖办公室制定自评计划,自评师在咨询师带领下,分二小组按自评计划进行。 3.各部门由主要负责人出面,接受评审组的评审,提供评审要求的各项文件、记录和资料。
	改进	1.对在评审中发现的问题,由企业创奖办公室制定计划,责成各单位分析产生的原因,制定纠正措施,予以落实并得到验证。
4 准备申奖	准备申请质量奖资料	1.创奖办公室进行质量奖申请资料的准备。
	现场评审	1.企业创奖办公室组织企业各单位接受质量奖专家评审组的现场评审,并就评审中提出的改进项制定措施。

(三)实施巩固期

当组织各个层次员工对质量奖项目和卓越模式有了充分的了解,并对工作程序有了初步了解之后,我们可以进入全面实施、巩固深化的阶段。在这个时期,卓越模式已经渗透到组织各个关键工作流程和各个部门。卓越模式的评价体系已经植入企业的各项管理制度中,与企业的运营、考核、激励等各种制度机制相融合,形成企业新的机制。该阶段最主要任务是将质量奖项目的成果通过制度的制定和完善固定下来。如企业的绩效评价和改进机制。

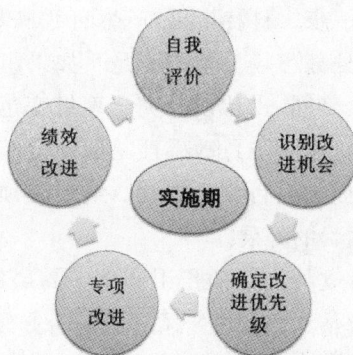

图 3—1　实施期中的改进机制

（四）融入期

一般在质量奖项目实施4～5年后，从高层领导和管理层到基层员工对质量奖的理念和时间都已经有了较高的认同。组织各项关键活动都会涉及卓越模式，员工的工作思维已经形成了卓越模式的管理思维，如对标思维、聚焦战略的思维等。卓越模式的理念已经渗透到全员，变成企业文化的重要组成部分。最终，组织聚焦战略形成更高效的流程，得到更卓越的绩效，成为真正意义上的卓越企业。

第四节　实施中对组织的影响

一、变革的处理

变革是指一种行为转变的过程，在这个过程中，个人或组织从一组行为举止转变为另一组行为举止，这个变革是系统化的，预先有计划的；或者也有可能这些变革是以随机无序的方式实施的。有一种情形可称之为重大变革，即组织中的大多数成员被要求学习新的行为和技巧。在推动一个重大变革，例如像质量奖标准这类变革，领导者需要为变革编织一个充分的好理由以引导员工加入，将员工放入变革的巨浪中。要选择一位很有威望的高层领导来负责质量奖项目，为新的价值观、技能和行为、知识提供系列培训，以支持员工参与。科特（Kotter）提倡领导者要学会像指挥交响乐团那样管理变革，明白越来越多的组织在全球化的经济中，将要不得不被动地减少成本，改进产品的质量。他们也需要发现新的增长机会和提高生产效率的机会，领导者必须使自己适应创造性的步骤和思想去领导变革的实现。

科特（Kotter）认为，组织在力图实施变革时，会产生八种错误，这八种错误包括：自我满足、没有建立一个强有力的指导团队、过低估计愿景的力量、愿景沟通不足、允许障碍力量阻挡了新的愿景、在建立短期效益时遇到问题、过早地宣布成功以及忽视了组织文化对变革的阻碍作用。

科特在1996年提出了引导组织变革的八个步骤。步骤一，依靠探测市场和竞争对手，识别潜在的问题和主要机会，从而建立应急敏感性。步骤二，建议领导建立联合指导委员会，其中有足够权力的一批人，长期以一个团队进行工作，以领导变革使其富有成效。步骤三，制订愿景及引导变革的战略，而这个制订的战略是坚实的、可完成的。步骤四，与所有员工和所有的下属沟通这个愿景。步骤五，包括广泛的授权行动，消除障碍和阻力，必要时改变系统和结构，鼓励承担风险，创新观念，创新思想。步骤六，产生短期成果并及时肯定实现这些成果的员工。步骤七，巩固取得的成果，依靠引入进一步提升变革标准，制订组织内部的变革计划。步骤八，在变革的过程中，建立新的文化，提倡使用新方法，从而为客户和员工创造更多的价值。与质量奖标准一样，科特的变革模型也将组织变革活动中高层领导的影响置于重要的地位。

建立应急敏感性是驱动变革的第一步。科特指出，产生自我满足的一些根本原因是过多的成功、缺少可见的危机事件、过低的绩效标准、外部市场反馈不充分。如果组织没有考虑什么是他们想要达到的目标而茫然变革，领导者和员工将不会赞同、支持以及完全理解变革的必要性。如果目标没有被所有的人所清晰理解，变革过程会失败。因而，建立应急敏感性是驱动变革的第一步。为了使质量奖标准能系统化地实施，需要维持应急敏感性，以促进项目全面推动。组织必须从上到下寻找、看到收益所在，高层领导需要亲临指导，支持质量奖标准项目的开展。

第二点是关于创建强有力的、能够支持变革的指引团队。高层领导必须持续地、周期性评估、回顾，以支持变革、把握变革的方向。这些评估和回顾决定领导者是否必须驱动或重新点燃激发进行进一步的行动。如果变革进程在控制之中，应鼓励领导者进行赞扬，加强持续监控。在质量奖标准的实施中，高层领导必须指定一个强有力的指导委员会，他们应该来自于组织的各个层面，他们能够用联合的力量推动变革前进。

第三点是考虑到大部分领导者可能对愿景的力量过于轻视。愿景有助于使上下协调一致行动,给员工的行动指引方向,激发工作的激情。没有愿景,转变的努力可能消融于混乱、不配合、耗时费事的项目中,最终将会毫无结果。愿景应该是简单、清晰易懂、能够实际可达到的。应用质量奖标准,愿景应当增进客户服务、增进财务状况,或者达到其他一些主要的目标,以增进整体的组织活动。高层领导需要确保正确地建立各项行动的优先级,并围绕着优先级组织所需的人才。

科特所涉及的第四点错误是沟通愿景不够充分。根据科特所说,大多数领导的沟通模式都不是很有效,他们只停留在写文件、召开会议、做讲演等,以上这些并不够,并没有为下属和员工做出一个"变革需要做什么"的正确的榜样。为了全面引入和推动质量奖标准,高层领导者需要坚持关注他们要改进什么,建立坚固的优先级,并进行有目的的监控。在组织最重要的领域强调关键指标的监控。如果高层领导没有定期的考察总结关键流程,会导致流程各个层面都不会被重视、被强化。

错误五,没有正确领导变革。它发生于领导者允许各种障碍和阻力影响新的愿景,或者由于组织的内部阻力,没有按照现实需要进行人员授权。妨碍组织变革和工作向下授权的阻力有:组织结构过窄的工作描述、激励不足、过时而遭到淘汰的绩效系统,以及那些与变革的要求不符合的那部分员工的需要等。实施质量奖标准的过程将揭露组织的无效率状况、暴露对工作的错误思维、浮现一些落后的员工和领导者、揭示与组织优先级不一致的矛盾之处。领导者们必须要搬开那些无效率的阻碍之石,这些阻碍既有组织层面的问题,也有人员层面的问题。

科特所列出来的第六项是没有创建短期成功目标。真正的转变和组织变革问题需要时间,很少有捷径,要激发动力,使组织可以阶段性的不断地庆祝胜利,可以采取强有力的激励手段达到短期和阶段性的目标,这样可以促使组织取得更多的成功、更积极的变革。为了提升质量奖标准的实施,高层领导需要将这些短期的成果转化为组织的优势,建立阶段性的成功,使之一步一步地迈向总体目标。如果短期目标没有及时达到可能会毁灭实施的整体推动。

将所取得的成果在变革完成之前便宣布胜利是第七个错误。庆祝胜利是积极的活动,但过多的庆祝、过早的庆祝会导致组织放松早先的必要动力,则不能达到进一步的成功。监控阶段性的目标,能够有助于下属和员工关注成功之路,使之达到长期目标。高层领导必须有坚定的信念,得到赞扬并不等同于组织的成功,证书并不是成功的价值标志。高层领导需要设立路线图,并确保持续改进被根植于组织之中,即使是国家级的质量奖获,反馈报告也会以各个层面列出组织的差距和不足之处,奖组织也会从评审反馈报告中获得更多深层次的建议。

最后,错误八涉及领导者忽视将变革植入组织文化中。当变革成为正常的做事方式不停运行时,变革才是最有效的。非常有必要对下一代的管理者进行培训,要有意识地显示员工的行为和态度是如何帮助改进绩效的,向他们展示如何应用变革管理原则以建立积极的变革文化。

二、提高管理能力

组织不应该仅仅简单地将申请质量奖或推行质量奖做为追求名誉或声望的手段。而是要真正进行严格的、系统性的自我评价、辨别绩效的差距及划出需要改善的领域。推行质量奖标准的效果应该是运营的改进、员工授权的加强。杨(Young)认为,许多个人和组织并不理解质量奖标准的真正意义是在于绩效卓越。如今,质量改进已成为全球领航者竞争的必要条件,而质量奖标准的流程为质量改进提供了一个系统化方法,如果在组织中全面地推动,并且与其他流程改进工具共同作用,就可以取得组织改善的成功。这个如同进化论般的进程包括产品、服务、聚焦客户,以市场为导向使质量奖获奖组织在持续实施中获得长期收益。

三、形成学习型组织

研究表明,为了全面识别在实施质量奖标准中所需要采取的变革,组织必须成为学习型的组织。一个组织开始实施质量奖标准时,不可避免地会遇到变革,所以需要提升整个组织的学习能力每一个员工都至少应相应的了解他们的工作是如何与其他人的工作联系、如何成为一个整体，从而达到系统性的改善。

圣吉(Senge)(《第五项修炼：学习型组织的艺术与实务》作者)提供了一个学习型组织识别变革的5要素，这5个要素是：个人技能、思维模式、建立共享的愿景、团队学习、系统性思考。个人技能定义为精通、熟练程度的水平，未来的个人愿景，关注现实的目标，尊重情感，更多的个人技能投资(通常涉及更多的培训)；思维模式涉及每个人如何理解和采取行为的假设，概括、思考、想象以及创新的结构，对不同观点的接受程度，还有对组织中挫败感的接受程度的认识；建立共享的愿景是一幅未来的图画，清晰的愿景、使命、大目标，与宗旨相协调一致的具体目标，并深入地考察组织的流程，推动创造性的膨胀力；团队学习包含一个集体的所有同事在一起工作，了解并互相交换改进的建议，知晓自我专长和自己的知识；第五个元素，是系统性思考，是从组织的每一个层面剖析组织，观其价值。组织领导者参与变革必须考察各项活动的相互关系、这些活动对所有层面的影响，包括组织的基本架构。领导者需要有与变革相关的个人技能和技巧，并全面地了解变革的深度要求。领导者还必须具有关于变革的积极形态的思维模式，他们需要带领全体员工参与以取得变革的成功。个人技能、思维模式、建立共享愿景、团队学习和系统性思考与实施质量奖标准是相一致的。因而，组织需要引入学习型组织观念，并随后成为学习型组织，以形成帮助实施质量奖标准的一个重要战略。

协助高层领导者实施质量奖标准另一关键点是质量奖允许选择或者应该是推动一些关键员工、下属领导者、质量奖标准项目的负责人及某个高层领导人成为评审员。

四、提升企业绩效

美国国家标准和技术研究院(NIST)的研究发现，组织引入的质量管理实践有助于员工关系的全面改进、提高生产效率、提升客户满意度、增加市场份额、提高赢利能力等。此外，研究数据表明，波多里奇获奖组织(1988,1997 年)的绩效超出标准普尔 500 企业的比率是三比一。根据拉詹(Rajan)和塔米米(Tamimi)的研究结果，长期的投资者将会从波多里奇获奖企业中获利。他们的研究聚焦于客户、股东、员工的支持，并且证明了波多里奇获奖组织在财务上是成功的。

五、实施中产生的负效应

有一项关于美国质量奖标准收益、缺点和忧虑点的研究，这项研究遍及了美国 17 个州。它收集了组织导入、实施与推行质量奖标准带来的收益缺点及担忧点的大量数据。参加这项研究的全部是至少有 3 年以上作为美国地方、州、全国质量奖项目的评审员，并有一些就职于已申请了质量奖的组织中。研究者在全美国范围内以"德尔菲研究团(Delphi Study Group)"的形式，征集了大量专家对收益、缺点和担忧点的意见。数据表明质量奖标准最主要的收益有：它是一个组织层面的工具，可以用于系统化提升组织的方向及步调一致性，是整合的绩效管理系统的方法；它提供了世界级的框架，是被证明的促进组织成功的模式，并包括了相关的财务分析；它增强和培育员工和客户满意度的不断提升。

总的来说，研究揭示了质量奖标准框架给组织带来的重要性，这个框架协助组织步调一致，提供系统化和精益化方法，以找出运营问题，迈向卓越。

但显现出的问题是需要大量的时间和资源；高层领导必须承诺长期的项目实施，及对长期性要求的认同。

领导必须找出实施推动质量奖标准的战略，并围绕着是否在组织中推动质量奖标准，其中心话题和不断重复的是时间和资源。许多参加者承认这是一道很重要的关卡，但仍有很多企业还是坚定地迈开脚步大胆推行。因为最终它会带来时间和工作量的减少，可以看出，这个标准的实施是建立在长期规划的基础上，并能够帮助企业进步的方法。

高层领导及其从属团队必须从决定采纳质量奖的起始，就要从心底接受质量奖标准的文化及系统性的方法。据实践反馈，全面实施质量奖标准至少需要七年的时间，我们的经验是，阻碍项目推动的障碍是耐心和承诺的缺乏。另外一个主要忧虑的问题是需要高层管理者制订有预见性的详细的战略以进行推动,要防止不经思考就将企业轻率地拖到这个项目中。

主要缺点:采用和实施质量奖标准的过程中需要大量的时间和资源;质量奖标准非常复杂;对于系统性的思考长期的承诺,高层领导心中持有疑虑。

质量奖标准的项目参与者都将时间和资源作为高层领导所担心的主要考虑,这会影响他们的决策。另一个缺点可能是质量奖标准的复杂性。大部分质量奖标准的项目,无论是什么级别的都需要组织领导人、质量奖项目联系人以及写作团队接受大量的培训。对领导力的要求是在研究中不断重复的另一个主题。如果高层领导缺乏对长期作战的全面理解及准备,会导致项目的失败。质量奖不是一两个月就能完成的项目。

第四章　自我评价

第一节　自我评价概述

一、定义

自我评价的含义主要是组织自觉地采用某种标准,对其活动和结果全面、系统、定期地进行评审的管理活动,其目的是为了自我改进,追求卓越。自我评价强调"自我",即组织是进行评价的主体。它可以邀请组织外的人员给予咨询、指导和培训,但不能由他们包办代替,否则自我评价将失去其意义。

自我评价是企业的自觉的活动,与一般的评审有所不同。自我评价的目的是发现企业的优势和不足,是为寻找获取成功的关键因素和补齐短板,强调对企业生产经营活动的总结和提升;而评审关注的是企业的生产经营活动是否符合规范要求,考察企业行为的规范性,判断企业是否符合优秀企业的标准。

二、分类

（一）按评价主体分

对某一组织的评价方法,从不同的角度划分大致可以分为以下几类:从评价的主体角度来看,可以分为第一方评价、第二方评价和第三方评价;第一方评价指组织的自我评价,是组织自觉地采用某种标准对自己的行为进行评价。

第二方评价指来自组织相关利益方的评价,如供应商质量奖,通过相关利益方对组织的行为进行评价。

第三方评价指与组织利益无关的第三方机构的评价,如各级政府组织设立的质量奖,如美国波多里奇国家质量奖、日本戴明奖、欧洲质量管理基金会卓越奖(前身为欧洲质量奖)这三大国际上最著名的质量奖。

从实践中来看,自我评价和政府组织设立的质量奖被广泛运用。从政府层面,通过制定质量奖评价政策(第三方评价)、应用公共管理推动区域整体质量竞争力的提升。在企业的层面,通过开展自我评价(第一方评价)和持续改进,实现企业经营绩效的增长和竞争力的提升。企业自我评价和质量奖第三方评价属于微观和宏观的区别,企业的自评仅就企业自身开展情况进行,评价的结果反映的是企业经营管理的成熟度和经营绩效,而质量奖第三方评价能反映一个地方整体的质量水平、质量竞争力和经济状况。企业导入卓越绩效管理,开展自评,通常借助盈利能力、快速成长、股东价值、员工及顾客满意等测量指标来评价企业的经营结果;而质量奖第三方评价不但评价企业的绩效结果,还关注卓越绩效管理对提升区域的导向和引领作用,注重企业对经济、环境、社会的综合贡献和作为质量标杆对其他行业和企业的示范带动作用,从而促进质量水平的整体提高。企业的自评从编写企业的组织概述开始,由企业自行组织企业内部的自评师按照标准的要求进行评价,评价结论为自评得分。而质量奖第三方评价则由政府组织相关行业的专家组成评审组对企业进行的一种外部评价和诊断,经过材料、现场评审、质评委投票等程序,评价的结果采取多指标的加权。

（二）按评价客体分

从评价的客体特征角度来看，可以分为资料评价和现场评价。资料评价是指对反映组织过程和结果的书面材料进行评价，其评价的手段主要是查阅书面材料。现场评价是指深入组织运营的现场进行评价。

三、自评的方法

自我评价的方法包括定性和定量方法两种。逐项的定性评价是在了解组织的环境、关系、所面临的挑战和绩效改进系统后，评价人员根据评价准则、评价要点和指南，对各评分项的要求逐项评价，逐项写下定性的评语。每项评语应包括 3 个部分：①观察到的事实，基于评价准则，组织所做的或没做的。②实例，用于支持"观察到的事实"的典型例证；③因此会有什么结果，对照关键因素、评价准则进行推论。

逐项定量评价应当遵循以下原则：①应当评审评分项中的所有各方面，特别是对组织具有重要性的方面；②给一个评分项评分时，首先判定哪个分数范围总体上"最适合"组织在本评分项上达到的水平。③组织达到的水平是依据对 4 个过程要素、4 个结果要素整体综合评价的结果，并不是专门针对某一要素进行评价或对每一要素评价后进行平均的结果；④在适合的范围内，实际分数根据组织的水平与评分要求相近的程度来判定。

这两种评价相互关联，定性评价是定量评价的依据，而定量评价是定性评价的度量。

四、以结果导向的自我评价

以结果为导向的自我评价可以从"手段"和"结果"两个方面对标准进行分类，其中，"手段"标准是有关组织已经如何达到"结果"的内容，"结果"标准是有关组织已经或正在实现的目标。自我评价模型中有九项内容是组织达到卓越的评审标准。其中有 5 项是手段，有 4 项是结果，即与绩效、顾客、员工和社会有关的优秀结果通过领导者驱动方针和战略、员工、合作伙伴资源和过程得以实现。该模型具有动态性，表明了创新和学习能够改进手段，进而改进结果。"结果"因"手段"而来，"手段"通过"结果"的反馈而得到改进。在"结果"和"手段"的各个部分之间存在着非常密切的相互链接。该模式可以使组织的表现达到卓越。绩效、顾客、人员和社会的卓越结果的取得是通过领导驾驭方针和战略，并通过人员、合作伙伴和资源，以及过程来实现。

以结果为导向的自我评价通过对问题的识别来寻找过程中的执行原因，分析过程中存在的问题，发现导致问题产生的系统性因素，并通过加强顶层设计来补齐企业发展过程中的短板。

五、自评的意义

自我评价的意义主要在于以下几个方面：

一是组织的自我评价是组织精益求精，追求卓越和实现组织长期发展目标的需要。开展自我评价活动，既是公司系统的管理改进、优化和完善过程，更是公司追求卓越发展的长期目标。自我评价为组织提供了一种识别优势和改进机会的有效方法，有助于组织实施改进，追求卓越。

二是组织的自我评价是组织实施相关质量标准，实现组织升级改造的重要途径。在自我评价过程中组织可以通过评价结果发现管理中的优势和成熟方法，加以总结和推广，确定组织在实现战略目标过程中重要的改进方向，是组织实施相关质量标准达到增值目的的核心内容。自我评价为改进组织经营活动提供了一种严格的、系统的方法，为内部人员建立起统一的思想观念，达到目标和行动的一致提供了有效的手段，将企业需要达到的目标与其经营战略和实施过程密切地联系起来提供一种依据事实，提供了一个有力的诊断工具，同时通过定期的自我评价，为衡量组织在不同时期的进步提供了方法。使组织的改进过程和活动能针对最需要改进的地方。为组织内部围绕标准要求，展开讨论与交流提供了良好的机会。

三是建立科学评价方法，也是企业实现质量提升和赶超目标，落实质量标准的需要。能否超越竞争对手、能否满足企业持续改进业绩的需要、能否不断提高顾客及其他受益者的满意程度等诸多方面都需要通过对质量体系进行审核、评审、评价等工作，对质量体系持续改进，才保证体系运行的有效性和适宜性，实现质量体系建立、运行、保持、评价、改进的螺旋式上升循环过程。

第二节 自我评价流程

作为一个成熟度评价体系，卓越绩效模式为组织开展自我评价提供了一个系统的框架。组织可以根据标准进行自我评价。作为一个完整的评价，一般包括以下十个步骤：

第一步，确定自评范围。确定自我评价和相应的行动计划和实施是覆盖整个组织，还是某个子单位、事业部或部门。确定评价的内容，澄清包括什么和不包括什么。在确定这些事项时，组织结构图是一个有用的工具。确定进行自我评价的合适区域。自我评价的开展范围既可以是整个组织，也可以是组织的一个部分，如一个部门、一个分厂等。选择进行自我评价的过程。

第二步，组成自评团队。选择具有领导和促进技能并对组织有着广泛了解的组织者，成立卓越绩效模式评价小组，每位组织者各负责卓越绩效评价准则的一个类目，分别对组织进行自我评价。自我评价是针对过程和结果的，开始时可以选择1~2个过程及其结果，做先导性试验。界定自我评价涉及的单位或部门。因为过程通常是跨部门的，所以应当根据所选择的过程，来确定在对该过程中进行自我评价时需要哪些部门的配合。评审员可来自质量、设计、生产、人力资源、企管、财务、市场及办公室等部门。必要时聘请外部顾问参与、指导。

第三步，制定自评计划。自我评价的计划包括评价时间、场所、评价内容和自评员分工安排以及选择自评方法。这其中包括选定评价模型，界定"自评"的合适范围，用"早期采用者"（即已搞过"自评"企业的经验）来引导整个评定过程。方法有多种，如问卷法、研讨会法和矩阵打分法等。

第四步，编制"组织概述"。组织概述是是对企业的运营环境和对于企业及其绩效影响重大的那些问题的综述。它有助于大家对企业的关键影响因素和企业的未来方向等问题达成共识。编制组织概述，有助于识别信息的缺口、认识的差异和展开的不一致。

第五步，自评师培训，练习自评技巧。对自评团队的相关成员进行专业的培训，使其掌握评价的准则，对自评的技巧加以练习。选择合适人员并对他们进行培训，除基本原理和方法外，结合案例进行讲解是最有效的方法。有了专门的团队才能对"自评"进行有效的管理。

第六步，分组开展自评。各类目小组按照"评价要求和评价指南"及"评价过程"的要求，收集相关资料，编制所负责条款的回答。各类目小组根据编制材料，逐项进行定性和定量评价，确定优势、改进机会以及分数，并提出综合性的《自评报告》，列出最重要的优势、最显著的改进机会，编写综合性《自评报告》，并附上详细分数。

组织可以按上述要求进行全面的详细评价，也可以仅进行定性评价而不进行定量评分，仅输出综合报告而不编写逐项的评语。组织可以基于现状直接开展自我评价，也可以先组建材料编写组，收集材料、数据，提出初稿，作为正式评价的依据和参考。

组织也可以借助外力法，通过聘请外部咨询机构、专家顾问参与指导，用他们外来的眼光、广泛的阅历、丰富的学识和经验带领、培养企业的自评师。

第七步，小组互评，团队分享。各类目小组向其他小组演示自己的结论。根据各小组之间和联系和成员的技能，对结论加以澄清和确认。经过综合，各类目小组对自评回答中的优势和改进空间达成共识，并识别出贯穿各条款的总主题。

第八步，优先次序。确定组织的关键优势和改进的优先次序以及可能的资源限制，这些因素可包括与战略目标的联系、对组织的影响、成本、实施时间、可用人员等。根据这些决策因素，团队就可以确定各个改进机会的轻重缓急,并把那些最重的因素纳入到行动计划中,制定和实施改进的行动计划。同时建立改进团队,授予团队权限,并配置必要资源,实施改进和创新。

第九步,组织改进路线图。根据各小组反馈情况,汇总、讨论,形成各类目的关键优势和差距,综合各单位初评出现的问题,交流信息并研究改进意见,确定新的行动计划。计划应明确责任人,要达成的结果及实现的方法,以及关键的进展期限和评价进展情况的指标。各类目小组负责人负责本区域的整改计划的实施,高层领导应定期沟通改进的进展情况。

第十步,评估和改进自评过程。定期的自我评价和纠正是实现持续改进的关键。高层领导应收集和听取各类目小组的意见来改进自我评价和采取纠正行动的过程,并定期组织自我评价,使卓越绩效模式成为企业改进的重要工具。

自我评价过程中应注意以下几点:确保高层领导的参与,高层领导可以协调各种资源的分配,起到模范作用和激励其他人员的作用。高层管理者的承诺可以使组织自我评价经受住许多挑战。选好自我评价的时机,组织在任何时候使用卓越绩效准则都不嫌早,但也有例外的时候,例如在下述情况下就不宜做自我评价:所有管理计划都是短期的,根本没有长期策划和经营战略;正在进行重大的组织变化;组织采用"黑匣子"管理制度;自认为组织经得起任何考验;不愿面对问题和解决矛盾。评价应覆盖各层次、各部门。在现场评价中,评价对象应覆盖组织的各个层次和主要部门,这样方能获得有价值的信息。自我评价过程重在发现改进机会,应当避免过于乐观,或者由于过于重视分数而忽略了自我评价的实质。

第三节 评价要素与方法

一、评价内容

针对天津质量奖标准,主要对过程及结果两类条目进行评价。

（一）过程

"过程"是指:组织针对标准中各评分条款要求,所采用的方法及其展开和改进。在过程类条目中,结果——途径——部署——评估联系在一起,以强调对于方法的说明应该总是指出其与条目的具体要求相一致的展开。随着过程的成熟,对其的说明就应该总是指出学习循环(包括创新),以及与其他过程和工作单位的整合。虽然结果——途径——部署——评估是联系在一起的,对于申请奖项的组织的反馈则反应了每一个或是全部这些因素的优势或是改进空间。过程类条目主要包括驱动力、质量管理、创新管理与品牌管理四个模块。

（二）结果

"结果"是指:组织针对标准各评分条款要求,所得到的输出和效果。结果类条目要求就关键的组织绩效测量指标和关键的组织要求的整合给出绩效水平、趋势和相关的对比。结果类条目还要求提供关于汇报的绩效结果的广度的数据,这直接与方法的展开和组织的学习相联系,如果改进过程得到了广泛的共享和展开,就应该有相应的结果。某个结果条目的得分是一个综合,它基于总的绩效,同时考虑到改进的速度和广度及其对条目要求和组织的重要性。结果类条目主要包括质量结果、创新结果、品牌结果与关键绩效结果。

上述的两个评价尺度对于评价和反馈是非常重要的,但不可忽略另一重要因素,即组织所报告的过程和结果相对于组织的关键的经营因素的重要性。

二、评价方法

本标准按照 RADA 逻辑来评价系统过程的成熟度,即结果(Results)、途径(Approach)、部署(Deployment)、评估(Assessment)。

（一）结果

确定组织所要达到的目标。在一个卓越组织内部，其结果将是持续不变的良好绩效，以及积极的发展趋势，通过适当途径实现或超越的各项组织目标。此外，结果的范围亦明确了组织在经营上、财务上等各相关领域的绩效。

1. 目标：组织是否设定了关键结果目标；目标设定是否恰当；组织绩效的当前水平是否达到了目标。

2. 趋势：组织绩效改进的速度和广度。

3. 比较：关键结果是否达到之前设定的目标；关键结果与适宜的竞争对手或类似组织的对比绩效处于什么水平；关键结果与标杆或行业领先者的对比绩效处于什么水平。

4. 因果：结果和相关方法的关系如何。重点关注结果是否由采用的相关方法达成，以及是否由支撑证据，证明良性绩效能够持续保持。

5. 整合：结果是否涵盖相关方的需求和期望；是否与组织的战略一致；最重要的结果得到识别和关注；结果被适当细分；结果是否及时、可靠、准确。

（二）途径

策划与开发方案，组织行动计划及其原因。卓越组织往往有一个可靠的途径来传达现在及将来对于结果的需求。这些途径合乎逻辑、定义准确、流程完备、关注利益相关者的需求，有力支持组织的战略、政策，并与其他途径相互关联。

1. 实施该过程所用的方法；

2. 方法的适宜性，包括对标准评分条款要求和对组织实际的适宜程度；

3. 方法的有效性，是否导致了好的结果；

4. 方法的系统性，包括可重复性以及基于可靠数据和信息的程度。

5. 方法的战略性，包括方法是否与组织战略目标紧密相关，是否支撑战略目标的达成。

（三）部署

组织如何部署这些方法，以及方法将如何展开、实施。卓越组织将用系统的方法在相关领域施行这些途径。

1. 方法针对条目要求的应用对于组织是相关的和重要的；

2. 方法是否持续应用；

3. 方法是否在所有适用的部门应用。

（四）评估

对方法和部署进行评估和完善。在一个卓越组织内，途径、部署总是置于常规监督之下，根据这些监测和分析达到的结果及持续的学习活动，组织将确定途径的优先顺序、执行计划及改进环节。

1. 通过循环评价和改进，对方法进行不断完善；

2. 鼓励通过创新对方法进行突破性的变革；

3. 在各相关部门、过程中分享方法的改进和创新。

三、评分指南

表 4-1 RADA 评分矩阵——结果

要素	评判标准	0% 0%～10%	25% 15%～35%	50% 40%～60%	75% 65%～85%	100% 90%～100%
目标	➤ 设定了关键结果目标； ➤ 目标设定恰当； ➤ 达到了目标。	没有结果或零星得到的信息	实现 1/4 的目标且目标适宜	实现 1/2 的目标且目标适宜	实现 3/4 的目标且目标适宜	实现了所有的目标且目标适宜
趋势	➤ 积极的趋势； ➤ 和（或）保持优秀绩效。	没有结果或零星得到的信息	最近 3 年约 1/4 的结果呈现积极的趋势或满意的绩效	最近 3 年约 1/2 的结果呈现积极的趋势或满意的绩效	最近 3 年约 3/4 的结果呈现积极的趋势或满意的绩效	最近 3 年所有的结果呈现积极的趋势或满意的绩效
比较	➤ 对关键结果进行了比较； ➤ 合理比较； ➤ 比较结果良好	没有结果或零星得到的信息	经比较，约 1/4 的结果较好	经比较，约 1/2 的结果较好	经比较，约 3/4 的结果较好	所有的结果较好
因果	➤ 理解结果和相关方法的关系； ➤ 基于已有证据，能够确信良性绩效能持续保持。	没有结果或零星得到的信息	约 1/4 的结果有明显的因果关系	约 1/2 的结果有明显的因果关系	约 3/4 的结果有明显的因果关系	所有的结果有明显的因果关系
整合	➤ 结果涵盖相关方的需求和期望； ➤ 与组织的战略一致； ➤ 最重要的结果得到识别和关注； ➤ 结果被适当细分； ➤ 结果及时、可靠、准确。	没有结果或零星得到的信息	结果涵盖约 1/4 的相关值域和活动	结果涵盖约 1/2 的相关值域和活动	结果涵盖约 3/4 的相关值域和活动	结果涵盖所有的相关值域和活动

表 4-2 RADA 评分矩阵——过程

要素	评判标准	0% 0%～10%	25% 15%～35%	50% 40%～60%	75% 65%～85%	100% 90%～100%
方法	合理性: ➤ 有清晰的依据; ➤ 有过程支撑; ➤ 关注相关方需求; ➤ 内部完善机制。	没有证据或零星得到的信息	有一些证据	有证据	有明显的证据	有全面的证据
	协调性: ➤ 支持方针与战略; ➤ 与其他方法合理衔接。	没有证据或零星得到的信息	有一些证据	有证据	有明显的证据	有全面的证据
部署	实施: ➤ 方法在相关领域得到实施;	无实施证据	在 1/4 的相关领域得以实施	在 1/2 的相关领域得以实施	在 3/4 的相关领域得以实施	在所有相关领域得以实施
	系统性: ➤ 方法及时和系统展开,能随外部环境需要管理变化。	没有证据或零星得到的信息	有一些证据	有证据	有明显的证据	有全面的证据
评估	测量: ➤ 对方法和展开有效性和效率经常性测量; ➤ 合理选择测量方法。	没有证据或零星得到的信息	有一些证据	有证据	有明显的证据	有全面的证据
	学习与创造性: ➤ 用于识别内外部最佳实践和改进机会; ➤ 用于创造性确保方法的更新改进。	没有证据或零星得到的信息	有一些证据	有证据	有明显的证据	有全面的证据
	改进与创新: ➤ 创造性成果的评估、确认和应用。	没有证据或零星得到的信息	有一些证据	有证据	有明显的证据	有全面的证据

第四节 改进计划

自我评价为组织提供了一种识别优势和改进机会的有效方法,有助于组织实施改进,追求卓越。对识别出来的改进机会,要进行管理评审。管理评审的主要内容就是通过自我评价识别出来的竞争优势和改进机会。评审的目的就是对改进机会进行区分,将企业的使命、愿景与其经营战略和实施过程、经营结果密切地联系起来,寻找影响组织未来发展和成功的高潜力的改进机会,使组织的改进过程和活动能针对最需要改进的地方,优先对其实施改进。如果不确定优先次序,组织多方面出手,就可能分散精力,影响战略管理的实施效果。最后通过管理评审,确定出改进领域和改进优先顺序。通过评价找出改进和创新的机会并排出优先次序,配置资源予以实施,并在获得成效后组织内部分享、推广。然后回到新一轮的学习循环。

自我评价本身是一项分析、诊断和评价的活动,不能导致组织经营管理水平的提高。对于发现的待改进领域,如果不采取任何改进措施,则自我评价是无效的。因此,组织必须制定和实施相应的改进和创新计划,跟踪改进和创新计划的实施,验证改进计划和创新计划的成效,并将行之有效的改进和创新成果在相关部门、过程进行分享和推广。只有这样才能真正体现自我评价的作用,使企业向着"卓越"目标迈进的特点。

组织应根据上一年或上一次的评估对活动和流程进行的改进;和上一次或者去年的评价相比较,结果有哪些改进,解释原因,并注明改进趋势,目前存在的优势,以及需要改进的地方。

组织应根据自评结果,将组织的各个领域的改进机会进行梳理和总结,形成整体的改进计划,根据战略和实际经营状况以及现有资源确定改进的重点,按照确定改进机会的优先次序,充分利用资源着重解决企业当前最紧急的问题。

将组织的整体改进计划同预算结合起来。组织的整体改进计划要同预算相匹配,充分的利用现有资源,发挥预算的作用;同时,在编制预算时要重点向优先改进的领域倾斜,集中资源解决重点问题。

各部门根据组织整体改进计划,分解制定本部门的提升方案和行动计划,并组织实施。

第五章　案例分析

案例一　天士力医药集团股份有限公司

一、企业简介

天士力医药集团股份有限公司[①]是中药现代化的先导者,致力于打造中药现代化、国际化第一品牌。公司成立于1994年,2002年上市,拥有符合国家GMP、欧盟EMA、CNAS认证的现代化车间和实验室。产品以滴丸剂、颗粒剂为主,共5个剂型11个品种。核心产品"复方丹参滴丸"在我国心脑血管口服中成药市场占有率持续排名第一,并于2010年完成了美国FDA II期临床试验,实现了中药国际化进程的重大突破,目前正在全球开展III期临床。

天士力以全面质量管理为基础,坚持"一个核心、双延伸":以QbD(质量源于设计)为核心,质量保障体系延伸至全产业链,质量管理策划延伸至全生命周期,实现横向全周期、纵向全过程的管理。引入卓越绩效管理模式,提升质量管理水平和成熟度,促进企业绩效的全面提升。

公司通过并持续保持药品GMP认证、ISO9001质量管理体系认证、ISO14001环境管理体系认证、OHSAS18001职业健康管理体系认证、GB/T23331能源管理体系认证与ISO10012国家计量管理体系A级认证资格。天士力的质检中心也通过了国家实验室能力认可(CNAS认证)。各项认证资质的保持和持续改进活动,为天士力产品质量奠定了坚实的基础。

公司成立以来获得关键技术及管理奖项近百项,荣获"IPMA国际项目管理年度大奖银奖"、"中国十佳最重分红回报上市公司",入选"中国最具竞争力医药上市公司20强"、"2013中国主板上市公司价值百强(前十强)"。

2014年公司实现营业总收入125.78亿元,比上年增长13.23%,完成净利润13.68亿元,比上年增长24.61%。公司总资产129.21亿元。

（一）公司主要业务

公司主要业务是现代中药的研发、生产、销售,产品线涉及心脑血管、消化、呼吸等几大类,产品的主要交付方式是经过医院和药店提供给消费者。

---

①　本文所提到的"天士力医药集团"、"天士力"或"公司"等均指天士力医药集团股份有限公司。

关于公司更名的补充说明:天津市市场和质量监督管理委员会2017年4月20日向公司核发了统一社会信用代码为9112000023944464XD的"天士力医药集团股份有限公司"营业执照。至此,公司注册的中文名称由"天士力制药集团股份有限公司"变更为"天士力医药集团股份有限公司",变更后的公司名称自新营业执照核发之日起正式启用。公司的股票简称及股票代码不变。

表5-1　产品类型和销售渠道

产品分类	产品名称	销售渠道	市场贡献率
心血管	复方丹参滴丸、芪参益气滴丸、益气复脉等	医院、药店	65%
脑血管	养血清脑颗粒、醒脑静、丹参多酚酸等	医院、药店	16%
肝病	水林佳	医院、药店	7%
消化	荆花胃康胶丸	医院、药店	3%
支气管及病毒感冒	柴胡滴丸、藿香正气滴丸、穿心莲内酯滴丸、痰咳净	医院、药店	8%

（二）组织文化

天士力企业文化以"追求天人合一，提高生命质量"为理念和使命，突出体现"民族文化与现代文化结合，先进文化与市场活动融合，军队传统与企业管理集成"的特色。

表5-2　天士力企业文化理念

天士力企业文化理念	
使命	追求天人合一、提高生命质量
愿景	创造健康、人人共享，成为千亿市值上市公司
核心价值观	以人为本，诚信通达，立天人合一之德，行大健康之道
基本战略	推动中药现代化、国际化，创建百年品牌、百年企业
经营方针	以科技为核心、以市场为导向、以营销为动力、以质量为保障
天士力五种意识	市场意识、敬业意识、危机意识、奉献意思、团结意识

（三）员工概况

天士力拥有一支面向国际化的团队。公司秉承"以人为本，诚信通达"的价值观，打造卓越的阶梯式人才培养，构筑明确的多通道职业发展路径，建立有利于授权、参与的激励机制，提升员工满意度，实现人力资本的增值。

表5-3　员工情况

母公司在职员工的数量	8,026
主要子公司在职员工的数量	2,438
在职员工的数量合计	10,464
母公司及主要子公司需承担费用的离退休职工人数	0
专业构成	
专业构成类别	专业构成人数
生产人员	2,926
销售人员	5,427
技术人员	1,063
财务人员	127
行政人员	921
合计	10,464

母公司在职员工的数量	8,026
教育程度	

教育程度类别	数量(人)
博士及以上	69
研究生	480
本科	3,476
大专	4,250
中专	1,320
高中及以下	869
合计	10,464

(四)技术和设施

天士力以现代中药奠基立业,打造中药产业化开发的技术平台和先进制造平台。公司具有能够满足战略发展需要的现代化生产厂房和基础设备设施,拥有办公场所 3,636.96 平方米,厂房面积 45,879 平方米。主要设备数量共 513 台/套,其中具有国内先进水平的工艺设备 47 台/套,国际先进水平的工艺设备 61 台/套。自动化滴丸生产线完全具有自主知识产权。

天士力是国家科技部火炬高新技术产业开发中心认定的高新技术企业,是科技部、国务院国资委和中华全国总工会联合认定的创新型企业。天士力研究院系由国家发改委、财政部、国家税务总局、海关总署联合认定的国家级企业技术中心,近 5 年获得省部级以上科学技术奖励 8 项,2000 年被国家人事部批准成立企业博士后科研工作站,2013 年被授予国家级国际联合研发中心。

(五)组织结构

公司设有完善的董事会、监事会、经理层组成的组织治理结构,实行所有权、经营权、监督权分离与制衡。

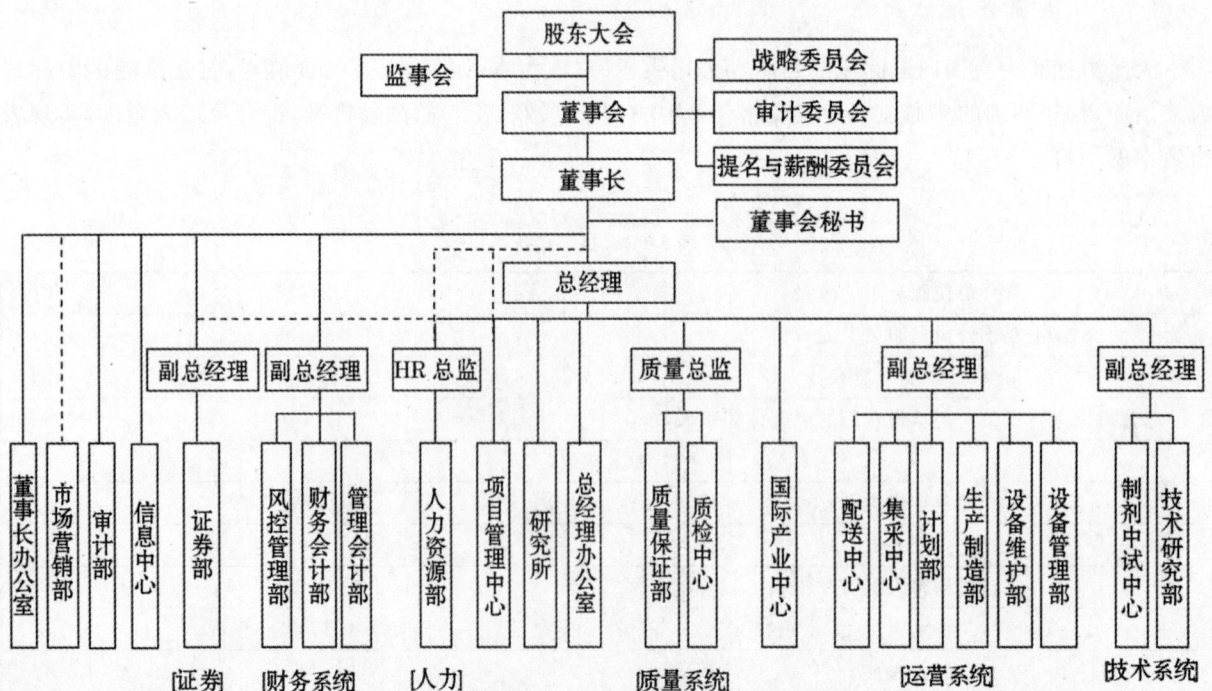

图 5—1 公司组织结构图

（六）关键客户和供应商

天士力的主要客户群体为产品系列相关的患者群以及销售价值链上相关的药品经营商业公司、医院、药店、基层医疗机构等。针对不同的国家、地区、客户关系等，公司详细识别了差异化的需求，制定了不同的服务应对策略。

天士力从保证药品生产物料稳定供应、提升供应商合作积极性、实现合作共赢的角度开展和供应商的合作，建立合作伙伴关系。对于关键（战略）型供应商，积极开展产业链协同供应、降本项目，并从采购配额上给予支持。制定多维度供应商考核制度，通过供应商间的良性竞争提升供应商的合作积极性和供应商的质量管理水平。

（七）行业竞争地位

天士力是现代中药第一品牌，复方丹参滴丸在国内心脑血管口服中成药的市场占有率持续排名第一。2014年实现主营业务收入达到1,252,260.46万元，较2013年同比增长13.89％，位居中药行业第四；完成利润总额173,307.05万元，同比增长22.23％，位居中药行业第四，赢利能力持续增强；销售额达1,465,144.74万元，同比增长13.89％；纳税总额124,188.45万元，同比增长5.20％，较2012年增长46.67％，位居中药行业第三。

（八）绩效改进系统

公司在以QbD为核心的全面质量管理的质量管理模式下，通过全面绩效管理促进管理质量的全面提升。

引入卓越绩效管理模式，提升质量管理水平和成熟度，促进企业绩效的全面提升。

建立了以经营各个层面各个环节的详细的KPI体系为评价对象、以定期报表和例会为主要方式的指标上报和回顾制度为日常监控、以项目化管理、VSM（价值流管理）、TnPM（全面规范化生产维护）为改善工具、以绩效考核激励制度为自主创新动力的闭环绩效改进系统。

二、实践质量管理的历程

（一）天士力将"推动中药现代化、国际化，创建百年品牌、百年企业"作为企业基本战略，并明确了企业的质量发展战略："构建高标准的国际化现代中药质量管理体系；倡导持续改进理念，以追求卓越的热情，使我们成为行业的领军者。"

战略实现分为三个阶段目标：

第一阶段：率先通过国内新版GMP认证，质量管理达到国内领先水平；

第二阶段：构建国际化质量管理体系，完成欧盟体系认证，为全面国际化奠定基础；

第三阶段：推动核心产品进入美国市场，全面推动中药国际化，追求卓越成为行业领军者。

（二）公司高层高度重视并亲自推动质量战略的实施

1.质量管理机构

质量保证部（QA）和质量检验中心（QC），目前共有157人。

2.质量管理模式

天士力坚持"一个核心、双延伸"的全面质量管理模式：即以QbD（质量源于设计）为核心，质量保障体系延伸至全产业链，质量管理策划延伸至全生命周期，实现横向全周期、纵向全过程的管理。

3.质量管理制度

公司围绕"一个核心、双延伸"建立了全员全过程的质量管理制度，主要有：药材种植质量管理制度52个，药材饮片加工管理制度255个，药材提取质量管理制度900个，药品生产质量管理制度1660个，药品经营质量管理制度 39 个,环境和职业健康安全管理制度 40 个,两化融合及信息化管理制度 40 个,能源管理制度 26 个,知识产权管理制度 14 个,药品研发管理制度 452 个,企业项目化管理制度 20 个。

4.质量管理内部评价机制

①集团动态绩效考核;②质量体系内审;③年度风险控制评价;④全员岗位绩效考核

5.质量管理内部激励形式

①管理层股权激励。②公司参照集团的奖励细则《知识产权奖励实施细则》及《科学技术奖励条例》进行物质激励,并且设立年度总经理嘉奖、年度十佳 TPM、优秀项目经理等奖项,精益项目奖励等激励措施。③通过培训进修,晋升或晋职等方式营造"多贡献多收获"的文化氛围。④基层员工月度绩效工资制度。

6.公司质量认证情况

➢ 信息化和工业化融合管理体系认证,江苏鸿信系统集成有限公司,2015 年

➢ 欧盟 GMP 认证,荷兰 IGZ,2014 年

➢ 能源体系认证,万泰认证,2014 年

➢ 国家实验室认可证书(CNAS 认证),中国合格评定国家认可委员会,2012 年

➢ 测量管理体系认证,中启计量体系认证中心,2012 年

➢ 药品 GMP 认证,天津市食品药品监督管理局,2011 年

➢ 质量管理体系认证,SGS,2011 年

➢ 环境管理体系认证,SGS,2012 年

➢ 职业健康安全管理体系认证,SGS,2013 年

7.天士力质量文化的形成

➢ 公司质量精神:"寻偏纠偏,持续改进,追求卓越。"

➢ 公司质量文化的核心:"质量源于顶层设计,标准在于精准执行。"

——责任感(始终强调员工是岗位质量的第一责任人)

——系统化方法(坚持 PDCA 闭环管理)

——QbD 思想(未雨绸缪,质量源于顶层设计)

——关注细节(精益求精,标准在于精准执行)

➢ 公司质量文化的形成体现在以下三个方面:

——学习构筑能力,通过培训提高员工素养

——标准形成习惯,全面推行质量管理规范

——习惯形成文化,打造天士力特色的质量文化

质量体系的建立是质量文化的基础,将质量文化固化在体系文件中,形成公司实施质量活动的行为准则,以统一全体员工的行为,并以此为基础通过管理考核制度使企业的质量管理活动制度化、程序化,使无形的质量文化融入企业员工的精神世界,指导并约束员工的行为,保证全员共同遵守。

8.质量荣誉

➢ 质量管理优秀企业,天津市质量管理协会,2012 年

➢ 天津市"放心药厂"A 级企业,天津市食品药品监督管理局,2012 年和 2013 年;

➢ 21315 企业质量信用 AAA 等级,中国产品质量协会,2014

➢ 国家技术创新示范企业,工业和信息化部,2014 年

9.产品技术质量标准建立/修订成果:

➢ 近五年参与国家技术标准制定 8 个,主持公司产品国家标准制定/升级 9 个。分别为:①《中药饮片与中药方剂编码规则及其编码》;②《道地药材标准通则》;③《茅山苍术道地药材》;④《天然药物研究技术要求》(征求意见稿);⑤中药注射剂生产现场检查标准;⑥尿激酶原生产现场检查标准;⑦亚单位流感疫苗生产现场检查标准;⑧中药提取物醇沉技术指导原则;⑨复方丹参滴丸 2015 版药典增补本标准;⑩养

血清脑颗粒 2015 版药典标准;⑪养血清脑丸 2015 版药典标准;⑫藿香正气滴丸 2015 版药典标准;⑬穿心莲内酯滴丸 2015 版药典标准;⑭芪参益气滴丸 2015 版药典标准;⑮荆花胃康胶丸 2015 版药典标准;⑯藿香正气滴丸提取工艺国家标准;⑰痰咳净滴丸国家标准。

➢ 组织参与国际标准(技术标准)的情况:①《F75mg 复方丹参滴丸胶囊质量标准》QS－SP20649;②《E01 丹参胶囊质量标准》QS－SP20649

10. QC 小组开展及成果

QC 小组数量:2012 年 51 个,2013 年 69 个,2014 年 57 个

QC 小组成果:企业在材料节约、节能降耗、质量改善、精细管理等各方面绩效显著,经济收益 2012 年 244 万元,2013 年 202 万元,2014 年 201 万元。

获得社会认可:①近年获得天津市质量攻关项目一等奖的有《芪参益气滴丸黄芪浸膏醇沉固液分离效果量化控制及工艺改进》项目;②获得二等奖的有《降香油提取工艺优化研究》《板蓝根泡腾片干浸膏水分测定方法优化项目》《藿香正气滴丸多指标成分测定方法研究项目》;③获得三等奖的有《柴胡滴丸含量测定方法优化项目研究》《板蓝根产品制粒工艺改进项目》《消渴清颗粒挥发油包合工艺改进研究项目》《降香油质量标准提升研究》等。

11. 质量创新工具

➢ 运用多变量统计分析

➢ 中药多元化学指纹图谱质控技术

➢ 中药生产全过程 PAT 控制技术等。

12. 核心技术及专利保护成果

➢ 核心技术:复方中药多元国际化技术体系;中药滴丸剂集成技术;中药多元化学指纹图谱质控技术;中药生产全过程 PAT 控制技术。

➢ 共获得国内专利 574 项(其中发明专利 533 项、实用新型 21 项、外观设计 20 项),国外专利 174 项(均为发明专利)

13. 质量品牌获得社会认可情况及品牌保护

➢ 公司主品牌 "天士力 TASLY"属于中国驰名商标、天津名牌产品。

➢ "天士力 TASLY"商标已在 100 多个国家核准注册。在马德里商标国际注册共指定 70 个国家/地区,在其中 32 个国家已获得核准。欧盟商标注册申请 27 个国家,已获得核准。非洲知识产权组织商标注册申请 16 个国家,已获得核准。逐一国家/地区商标注册申请 104 个,在美国、加拿大等 66 个国家已获得核准。

三、质量创新的做法与效果

(一)创新质量管理方法的名称:"一个核心,双延伸"的全面质量管理方法

➢ 行业:中成药生产

➢ 主要产品:复方丹参滴丸

➢ "一个核心、双延伸":即以 QbD(质量源于设计)为核心,质量保障体系延伸至全产业链,质量管理策划延伸至药品全生命周期。

➢ 天士力首创现代中药全产业链(涵盖研发、种植、提取、生产、营销各环节)管理模式,建立起一套符合 GLP、GAP、GEP、GMP、GSP 以及 ISO9001、ISO14001、OHSAS18001、ISO10012 等标准的一体化质量管理体系,成为全面国际标准化管理的企业,用标准化与世界对话。从时间维度上着眼于产品的全生命周期,将全产业链思维融汇于产品生命周期的每个阶段,建立了涵盖药品设计、研发注册、产业化、上市、产品升级等各阶段的管理流程,实现了组织质量管理的"横向全周期,纵向全过程"。

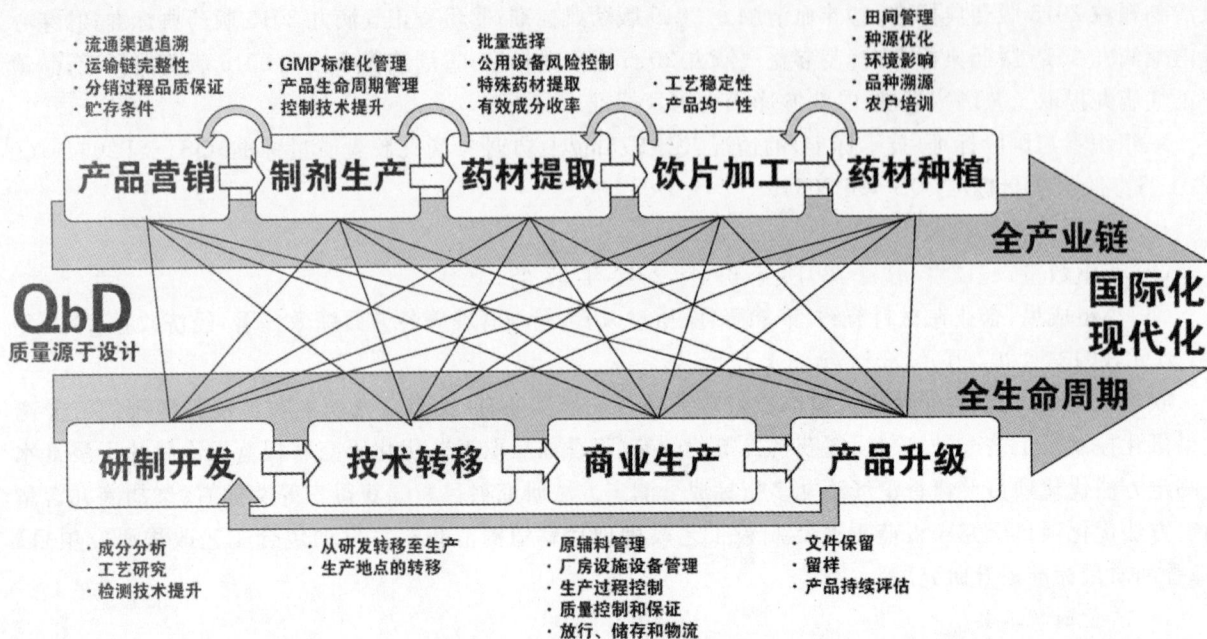

图 5-2　质量方法创新涵盖领域

(二)所解决的问题背景

公司以"中药现代化、国际化"为战略目标,在向国际化迈进的过程中,面临最大的挑战和难点之一就是如何阐明中药质量的可控性和一致性,质量标准如何获得欧美药政管理部门的认可。

我国中药质量一致性评价的局限:大多数药材、提取物和制剂仅建立了单一指标性成分的含量测定项,并且仅控制了含量的下限,带有较大的片面性,很难达到全面控制质量的目的。

FDA 对质量保证要求的核心之一就是保证药品批次间的质量一致性,进而保证疗效的一致性。因此,复方丹参滴丸以药品身份走向 FDA 所面临的最核心的问题是:如何进行质量控制,以及确保产品质量的一致性。

下面以复方丹参滴丸以药品身份申报美国 FDA 所面临的核心问题进行描述:

1)复方丹参滴丸 1993 年版质量标准中是以单一指标性成分(丹参素)作为含量控制指标,而复方丹参滴丸作为复方制剂仅以丹参素进行含量控制具有较大的片面性,难达到全面控制产品质量的目的。

2)复方丹参滴丸的质量标准中对丹参素含量控制的指标是"不得少于 0.10mg/丸",仅以此来判定产品合格与否,未考虑合格品批次间的差异。

3)从复方丹参滴丸全产业链来说,药材种植、饮片加工、药材提取、制剂生产、产品营销各环节的质量标准控制存在差异,很难保证最终产品的质量一致性。

(三)问题原因分析

针对上述问题,我们从产品的全产业链和全生命周期两个维度进行系统的原因分析:

第一个维度:全产业链:天士力首创"现代中药产业链"一体化管理模式,通过行业调研、战略工作坊会议研讨等方式,从药材种植、饮片加工、药材提取、制剂生产、产品营销产业链各环节对影响复方丹参滴丸质量均一性的因素进行系统分析:

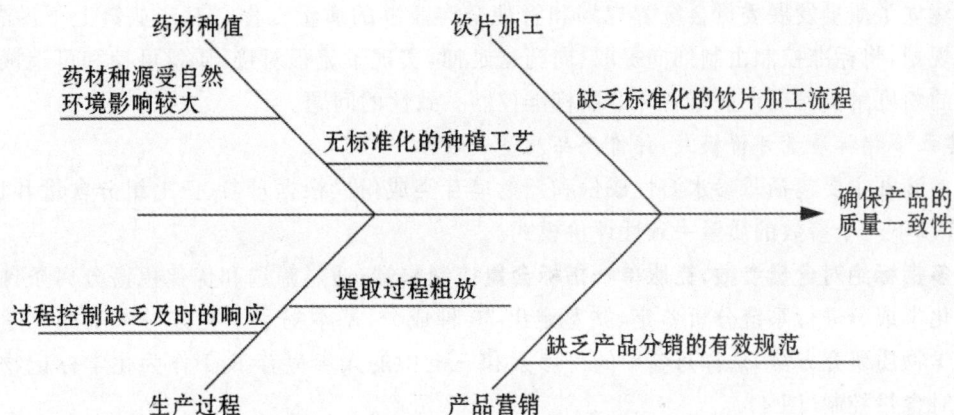

图5-3 复方丹参滴丸质量一致性关键影响因素分析

第二个维度:全生命周期:从复方丹参滴丸研发、技术转移、商业生产、产品升级整个产品的全生命周期对质量一致性的风险进行分析。

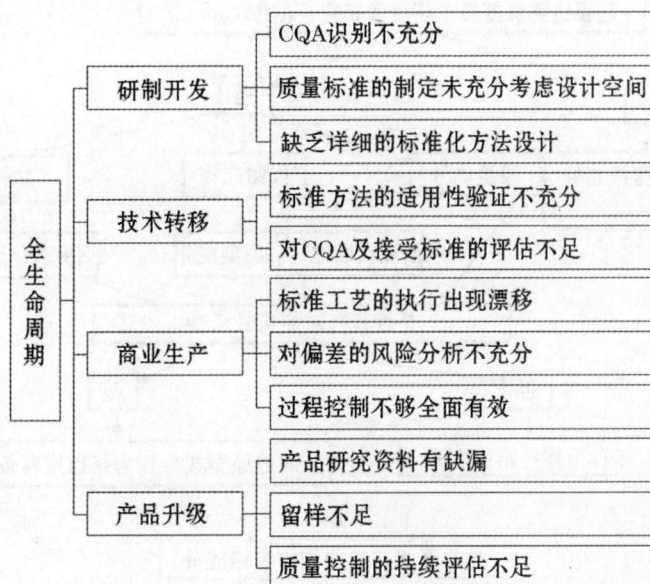

图5-4 复方丹参滴丸质量一致性影响关键因素分析树图

综上,通过对全产业链和全生命周期的分析,影响复方丹参滴丸产品质量一致性的主要因素集中在全产业链标准化管理、产品质量评价模式两方面。

(四)问题解决对策

通过以上问题原因分析,公司确立了相应的解决对策:建立全产业链的标准化管理体系、建立复方丹参滴丸质量一致性评价模式来确保最终产品的质量一致性。

第一、在全产业链上建立标准化的管理体系

天士力从药材种植、加工、提取、制剂到销售整个过程,创造性地建立了符合系列标准规范的一体化产业链。利用集团优势,实施专业化运作、一体化管理。在药材基地实施GAP,在药材提取实施GEP,在制剂生产实施GMP,在经营管理上实施GSP。并且将处于不同产业链位置的管理标准体系整合,将GXP与ISO质量管理、环境管理、职业安全健康管理和测量管理等体系有机整合,并全面实施管理体系的认证,以标准化与世界对话。

天士力建立了质量发展委员会统筹规划和管理全产业链的质量工作。对产业链上下游各环节的质量标准统一规划，将标准控制由制剂向提取、向药材延伸，实现了流程对接，质量可控和可追溯，从产业链标准一体化的角度解决目前产业链各环节的标准控制一致性的问题。

第二、建立多指标质量评价模式，评价产品质量一致性

复方丹参滴丸主要包括丹参水溶性成份和三七皂苷类成份。根据丹参、三七组分含量和稳定性的理解，建立包含以下三个参数的质量一致性评价模式。

1）建立多指标绝对含量参数，克服单一指标含量控制弊端：通过筛选和优化色谱分离条件，对复方丹参滴丸主要化学成分进行系统分析鉴定，共鉴定出 30 种成分，基本揭示了复方丹参滴丸化学物质基础。通过三维化学物质研究方法，选择丹参中的丹参素和三七中的人参皂苷 Rg1 作为化学标记物，并对其进行单独的绝对含量控制（图 4）。

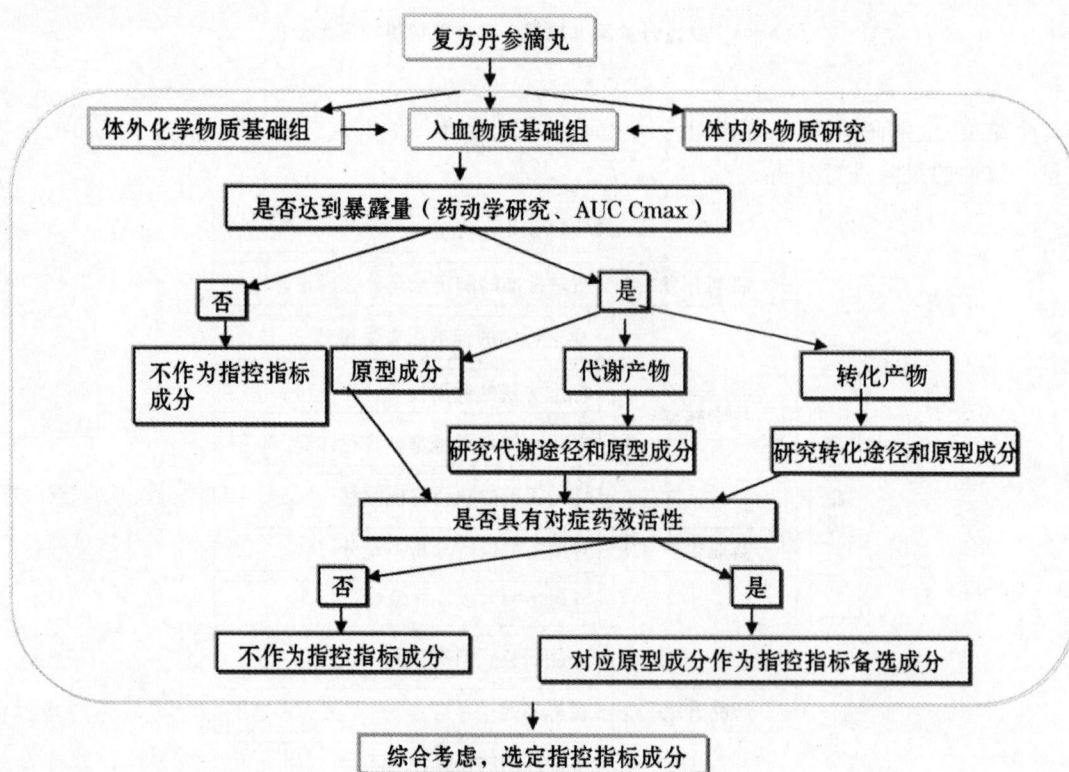

图 5－5　三维化学物质研究方法（复方丹参滴丸）

2）建立组分加和参数，控制组分间的相对含量：复方丹参滴丸作为复方制剂，对药物的治疗作用有贡献的组分不是单一的某个组分，应选择主要代表性组分进行含量加和来作为质量控制的要素，从而保证产品质量的一致性。

3）建立相似度参数，用于指纹图谱一致性的评价：指纹图谱是一种综合的、宏观的和可量化的鉴别手段，可以评价产品批间质量的一致性和稳定性。通过三维化学物质研究方法，确定了复方丹参滴丸 HPLC 多元指纹图谱和 LC/MS 多元指纹图谱检测方法。选择应用图谱等同系数计算模型对指纹图谱间组分整体的等同性进行评价，r 值越接近 1 表明待测批次与标准批次之间的差异越小。

$$r_{RSM} = e^{-[\frac{1}{8}\sum_{k=1}^{8}(\frac{|x_{sk}-x_k|}{x_k})]} \qquad r_{RN} = e^{-[\frac{1}{4}\sum_{k=1}^{4}(\frac{|x_{sk}-x_k|}{x_k})]}$$

丹参指纹图谱等同性评价模型　　　　　　　三七指纹图谱等同性评价模型

（五）问题解决成效

在复方丹参滴丸以药品身份走向 FDA 的道路上解决质量控制，以及确保产品质量的一致性问题上取的成效如下：

第一，创新方面获得的专利：

为了有效保护创新成果，公司构筑了由"核心专利、外围专利、防御专利、竞争专利"构成的复合型、网状专利保护体系，复方丹参滴丸在质量创新中共获得《复方丹参滴丸指纹图谱的测定方法》、《复方丹参滴丸质量控制方法》等 100 多项专利。

第二，国家标准制定方面：

1）参与国家标准 GAP《中药材生产质量管理规范》的制定：借鉴欧共体国家发展植物药的经验，参与国家标准 GAP《中药材生产质量管理规范》的制定，建设陕西商洛丹参基地，在 2003 年 11 月成为第一个顺利通过了国家 GAP 认证的药材基地。

2）率先提出"中药提取生产质量管理规范（GEP）"理念：建成了国内水平最高、规模最大的数字化中药提取中心，使中药提取加工生产的全过程都得到科学、全面的管理和全方位的质量控制。

3）指纹图谱技术收入药典标准，并得到推广：复方丹参滴丸是国内第一个运用指纹图谱技术控制产品质量的口服固体制剂，该技术被药典委推广应用于其他中药产品质量标准的制定中。

4）推行国际认可质量标准：复方丹参滴丸 E01 项目通过欧盟 GMP 认证，其注册质量标准获得国际主流监管部门认可。

第三，其他成果与攻关：

1）突破中药质量说不清、质量一致性不能有效控制的技术瓶颈：实现复方丹参滴丸 98％的成分可测、通过 PAT 技术研究提升生产过程质量控制能力，保障批次质量一致性。

2）首创中药临床疗效评价指标：突破了国际市场普遍认为临床疗效评价指标不确切的技术瓶颈。采用延长运动耐受时间（TED）的抗心绞痛药物临床评价国际通行金指标，相比 FDA 认为超过安慰剂 20 秒以上即可作为临床有效判断，复方丹参滴丸达到了 42 秒，超过了 FDA 2006 年批准的化学新药雷诺嗪的 26－32 秒，解决了中药疗效说不清的难题。

3）基源品种化：成功地培育出优良的丹参新品种"天丹一号"，平均增产 26.64％，超过药典规定30－50％，且抗病性好。"天丹一号"已于 2011 年通过了陕西省的新品种鉴定。

4）设备自主更新，实现现代化、智能化：自主开发高速微丸滴制设备，采用超高速非接触电磁悬浮震动、4G 重力加速度的滴制技术，突破传统，创造高频深冷滴制技术装备。建立固体分散滴制产业化集成技术，并研制了现代智能高效滴丸生产线，真正实现了滴丸制剂的产业规模化、过程自动化。

（六）质量创新产生的经济效益和社会价值

1. 质量创新带动偏远地区经济发展

在产业发展过程中，公司以自身的产业特点促进和带动区域特色产业发展，创造就业机会，提高区域就业率。在陕西商洛、云南文山地区建立药材种植基地，指导种植，严格采收，规范加工，带动农民创业致富，促进当地经济的繁荣发展。

2. 创新质量标准、提升产品价值和品牌价值

复方丹参滴丸在国内心脑血管口服中成药市场占有率持续排名第一，2014 年销售额超过 30 亿元，顾客满意度持续提升。

3. 复方丹参滴丸引领中药走向世界

在复方丹参滴丸质量创新的过程中，共获得 100 多项专利。复方丹参滴丸成为我国第一例在美国通过 FDA Ⅱ期临床试验的复方中药制剂，实现中药国际化进程的重大突破，充分证明中药完全能够挑战全球最严格的医药评审标准，实现中医药走向世界的百年梦想。天士力已牵头组建"现代中药国际化产学

研联盟"，推动更多的优势中药品种以药品身份进入欧美主流医药市场。

图 5—6 复方丹参滴丸美国 FDA II 期临床试验结果报告会

四、可供借鉴和推广的经验

公司领导层高度重视质量创新，提出了"一个核心，双延伸"的全面质量管理方法。在推动中药现代化、国际化的道路上，应用该方法将生命周期管理、产业链管理与信息化、新型工业化相结合解决的问题及取得的成效总结归纳如下：

第一、可推广的管理模式：

"一个核心，双延伸"的全面质量管理模式：以 QbD 为核心的质量管理方法强调了设计和预防对质量的重要性，将质量管理体系建设向全产业链和全生命周期延伸，确保了产品全过程、全生命周期内的质量。

1）质量保障体系延伸至药品的全产业链。为了保证药品质量，把标准化的产业链管理与信息化、新型工业化相结合，建立了中药产业链管理的系统框架，探索出了一条适合现代中药产业管理和发展的创新型道路，从药材种植、加工、提取、制剂、物流和销售整个过程，建立一条 GAP—GEP—GMP—GSP 的质量管理规范化链条，创造集群优势，专业化运作，一体化管理，保证产品质量。

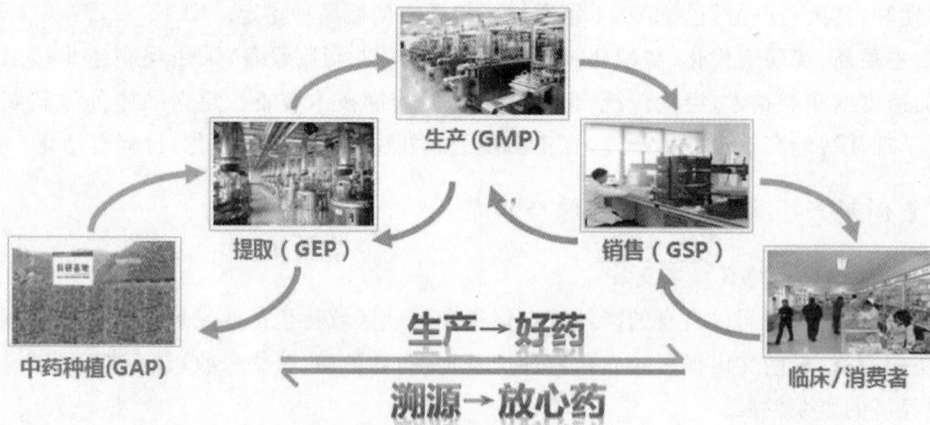

图 5—7 现代中药产业链标准化链条

2）**质量管理策划延伸至药品全生命周期。**为保证药品质量，公司注重质量管理策划，将 QbD 的理念贯穿于药品质量管理体系，从依赖产品检验并重视生产过程控制，延伸至从新药筛选、病种选择开始，到新药开发、工艺制备、药品生产、销售、流通、退市等环节全面规划，保障产品生命周期内的质量稳定性。

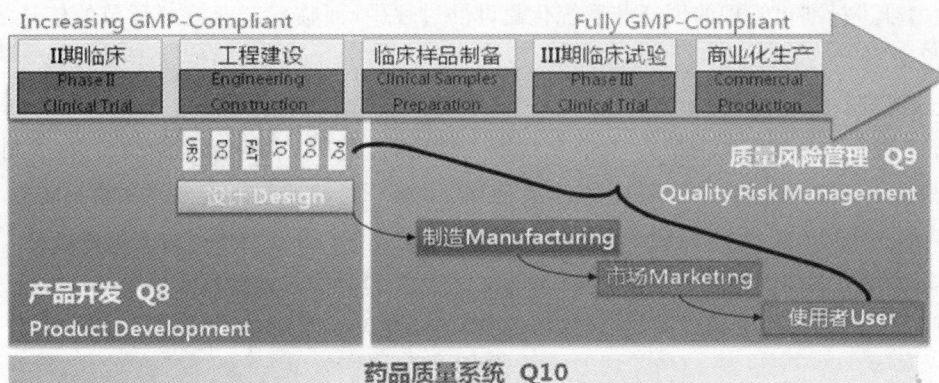

图 5－8　质量管理策划涵盖全生命周期

第二、可推广的技术经验：

1）中药质量一致性评价技术体系：将复方丹参滴丸的质量标准和质量一致性评价方法，推广到其他中药产品的欧美注册技术研究中，从而建立能够得到国际公认并引领中药国际化发展的通用质量标准体系。天士力已牵头组建"现代中药国际化产学研联盟"，推动更多的优势中药品种以药品身份进入欧美主流医药市场。

2）DNA 条形码测序技术：运用植物 DNA 条形码测序技术进行中药材的 DNA 测序工作，这些 DNA 数据库可在行业内共享，用于药材真伪及基源的鉴定。

3）中药制药过程分析技术（PAT）

该技术进行原料、中间体质量及工艺过程的分析、控制，达到提升产品质量一致性的目的，在减小中药产品批间差异方面具有重大的推广意义。

第三、可推广的行业管理经验：

1）建立复方中药多元国际化质量技术体系，引领中药走向世界：传统中药产品可复制性差、中药产品质量标准单一、质量控制手段技术水平低、疗效说不清、质量一致性不能有效控制。

通过对行业现状的调查，技术研讨会等多种形式质量工具的运用，通过复方中药多元国际化技术体系研究，以复方丹参滴丸为载体，突破传统滴丸理论，开发超高速非接触电磁悬浮震动滴制以及超低温气体冷凝等集成技术，形成具有自主知识产权的超高速微滴丸滴制设备，应用 PAT 技术及中药指纹图谱等先进质控技术，实现复方丹参滴丸国际化技术提升，使其成为我国第一例完成美国 FDA Ⅱ期临床试验的复方植物药，目前正在美国、加拿大等 9 个国家 127 家中心开展Ⅲ期临床研究。实现了中药国际化进程的重大突破，建立了一条与国际对话的通道，引领中药走向世界。

2）向全产业链和全生命周期延伸，打造绿色环保型企业：对传统中药生产模式的分析，目前传统中药生产工艺能耗高，污染严重，一些可回收利用的资源得不到有效的利用。公司通过实施产品绿色设计，按照"工艺最精、质量最高、能耗最低、污染最小"的原则从药材种植、加工、提取、药品生产及营销各方面进行探索与改进，致力打造绿色环保型企业。

开展"天丹一号"太空育种试验，增加药材产量和药效物质含量，节约生产制种过成本；开展丹参毛状根生物反应器研究，减少耕地使用和资源的消耗，保护生态资源完整；以及建立大宗药材资源研究数据库和建立 GAP 药材种值基地等手段，在产业链的源头，实现绿色环保的设计。

通过中药提取药渣再利用研究，成功将丹参药渣开发成一种动物饲料原料，有效提高中药材资源的利用率。

3）中药现代化与数字化有效融合，推动"中国制造"向"中国智造""中国创造"转变：公司以中药现代化为主导,大力推进标准化管理的创新和系统化建设的过程中,面临着产业链各环节的信息量庞大,传递不对称的问题。

公司在过程控制、精益生产、风险管理等各环节引入鱼骨图、头脑风暴法、SPC控制图等方法对过程中的问题进行分析。以复方丹参滴丸为载体,突破传统滴丸理论,自主开发高速微丸滴制设备,采用超高速非接触电磁悬浮震动、4G重力加速度的滴制技术,形成具有自主知识产权的超高速微滴丸滴制设备。此外,建立固体分散滴制产业化集成技术,并研制了现代智能高效滴丸生产线,有效地将中药的现代化生产与数字化相结合,真正实现了滴丸制剂的产业规模化、过程自动化,将生产过程中的数据有效集成、输出。

公司是首批通过两化融合认证的企业,系统、完善的两化融合管理体系的建立,提升了公司的新型创造能力。

G—ERP通过数据平台的搭建,保证了全产业链信息及时有效的传递,促进了全产业链整体提升。

案例二 天津海鸥表业集团

一、企业简介

天津海鸥表业集团是"中国第一只手表"的诞生地,有60年的文化、技术和人才积淀,是一家从事机械手表研发、手表机心制造、成品手表制造、精密机械加工和精密机械制造的企业集团。总部设立于天津空港经济区的海鸥工业园内,占地158亩。公司在上海、大连、烟台、石家庄等地均设有制造基地,在亚洲、欧洲、美洲多个国家地区销售。

使命:引领中国手表业发展,打造中国人制造的世界级机械表品牌。

愿景:跻身世界一流,创"海鸥"国际知名品牌

价值观:崇尚创新、崇尚技术、崇尚人才、崇尚勤奋

按照中国钟表协会的观点:海鸥的发展即代表了中国手表产业的发展。海鸥的核心实力体现在产品上,依靠创新赢得市场竞争、依靠创新赢得发展。在国内手表产业自主技术发展和品牌建设方面,海鸥具有示范和带动作用。

公司产品分为机械手表和机心两大类。是国内唯一掌握国际三大经典技术(陀飞轮、万年历、问表),并生产出超复杂结构机械表(9250)的企业。陀飞轮、问表、万年历这些高端产品已经达到国际先进水平并填补国内空白。自动双陀飞轮、硅材料无卡度陀飞轮、三轴立体陀飞轮、超薄陀飞轮、珍珠陀飞轮、倾角陀飞轮等产品填补国内空白,达到国际先进水平。关键技术获17项奖励,主持或参与制定、编写国家和行业标准21项。

公司建有国家级企业技术中心、国家级工业设计中心和博士后科研工作站。员工总数2700余人,其中科研人员194人(博士2名,硕士10名),国家级手表大师5名,企业级手表大师5名)。拥有设备共计3700余台套。其中用于研发的高端设备42台套、用于生产的进口高端设备59台套。

目前国内开设专卖店、大商场终端等网点300家,并且已成功进入港澳地区和东南亚国家,并继续开拓,陆续进入亚洲12个国家和瑞士、德国等5个欧洲国家。机心销售已实现由OEM散户向国际大品牌和国内品牌手表的大客户转移。覆盖高、中、低端的成熟市场建立了合格供应商网络系统,确保产品质量、交货及售后服务满足顾客要求。世界手表巨头之一的FOSSIL公司既是海鸥的客户也是合作伙伴,目前双方合作在瑞士投资公司PWH Production SA,打开海鸥手表引入瑞士设计的大门。

公司多年屡获殊荣,先后荣获中国工业示范单位、中国轻工钟表行业十强企业第一名、最美中国工厂、中国工业企业品牌竞争力评价表彰企业、天津市滨海新区政府质量奖、首届天津市政府质量奖、第二届中国质量奖提名奖,全资子公司"天津海鸥手表技术有限公司"荣膺"高新技术企业"、"全国产品和服务质量诚信标杆企业"等。

二、实践质量管理的历程

类似质量管理大事记,可包括实施精益系统、应用六西格玛方法、采用 PDCA(管理循环法)、采用 ISO 标准(例如 ISO 9000 或 ISO 14000)、采用决策科学或应用其他过程改进和创新工具方法的背景、过程和效果。

机械手表制造企业集技术密集型和劳动密集型于一体,涉及产品设计、工艺技术、原材料及元器件采购、生产管理、工装制造、手表专用设备制造及设备管理。一般产品涉及材料采购、零件加工制造、机心组装和检验测试等数百个工艺环节。生产线长;产品种类繁多;管理路径多、专业面广;每只机心有百余零件、结构复杂;精度要求高;涉及人员多。因此,有效地控制制造链上各环节的产品质量和工作质量是制造优质产品的保障。

纵观六十年的历史,公司同中国手表行业一起,经历了初创、成长、徘徊、振兴发展的阶段:

1949—1965 年,我国机械手表发展初期:1955 年 3 月 24 日,一块印有"中国制"三个字的手表正式问世,结束了我国只能修表不能造表的历史,开创了我国自主研发制造手表的先河。1958 年 10 月,"五一"牌手表形成批量生产,第一代规模化生产的机械手表产品,奠定了中国手表工业发展的基础。

1966—1976 年,我国机械手表快速成长:"五一"表问世 11 年后,手表厂的工程师靠手摇计算机测算数据,手绘图纸,开发出中国第一只自行设计制造的新型机械手表,命名为"东风"牌。1973 年,经当时国务院副总经理李先念批准,"东风"表以"海鸥"商标进入国际市场,成为中国第一只出口手表,"海鸥"表从此名声鹊起。1975 年 3 月 8 日,天津手表厂 ST6 女表研制成功,由此填补了我国手表制造业只有男表没有女表的空白。

20 世纪八九十年代,徘徊与低谷期:20 世纪 80 年代末到 1990 年开始,公司进入低谷期。不仅因为老国企面临改制,还因为当时的市场更青睐电子表,而不再是公司擅长的机械表。特别是随着 1997 年亚洲金融危机爆发,国产手表产业饱受市场冲击,全面滑坡。全国 38 家手表企业全部停产,海鸥表也面临着空前的危机,公司一度陷入了低谷。

1998 年以后,公司迎难而上,寻求发展机遇;快速发展,进军国际市场。

面对困境,公司锐意创新,志存高远,把增强自主创新能力、提升质量管理水平、造就国际品牌作为发展的战略基点。

从 20 世纪 90 年代初,公司就开始建立系统的质量管理制度,经过近 30 年的积累与完善,逐步形成了具有特色的、明确的质量文化。

表 5—4　质量文化结构

层次	核心内容	表现形式
第一层次	物质层	经营环境、员工的精神面貌、产品、服务的质量
第二层次	制度层	质量责任、质量标准、质量法规、质量体系
第三层次	精神层	质量意识、质量观念、质量精神

公司将质量文化纳入到经营管理理念中,以"质量、品牌"为核心,统领企业文化。

依据产品质量发展的定位和质量管理的需求,公司于 2001 年按 GB/T19001 标准完善了质量管理体系;于 2009 年导入卓越绩效管理模式,进一步强化质量管理;2012 年建立新生产制造模式试验田;2013 年开始国际化合作提升工艺技术。公司以 ISO9001:2008 标准中八大质量管理原则为基础,以顾客为关注焦点作为核心,并转化为公司对产品和服务的要求,特确定本公司的质量方针为:设计追求水平,结构服从市场,质量满足顾客,管理符合标准。

公司坚持产品质量是制造出来的而不是检验出来的理念,按 GB/T19001 标准建立了从采购、生产、检验、计量、质量信息到不合格品控制全过程的控制系统。通过人、机、料、法、环等诸要素高度集成,各个阶段环环咬合、无缝链接,持续满足顾客对产品质量的要求。在质量控制系统上,运用 PDCA 管理思路,利用公司 OA 系统和质量管理架构搭建了信息化平台,实时监控质量信息,及时分析和解决质量问题。根据过程对战略支持的重要程度和满足顾客需求的作用,以及对公司盈利和成功的贡献,并通过对主要产品、服务及经济全过程进行科学分析和识别,确定了产品研发过程、采购过程、产品制造过程为三大关键过程,通过过程的 PDCA 运行,实现过程的有效性和增值。

经过初期的导入培训、管理流程的整理、管理文件的编制、各项控制文件和现场记录报表的认真落实,实现了质量管理体系的顺利运行。质量管理体系贯穿公司运营的全过程,将产品质量体系和工作质量体系的标准和工作流程固化其中。建立了从总经理、总工程师、质量副总到各部门负责人,以及生产一线班组的质量管理四级架构图。通过岗位职责说明书明确了各层次、各岗位质量管理职责,形成全员、全过程、全方位的质量管理。经过 1994 版、2000 版到 2008 版换版,管理体系日臻成熟。公司通过每年两次内部审核进行自我评价,不断查找差距以持续改进管理。

此公司质量管理体系的特点是:基于整体系统建立的管理制度,达到了编制的制度是机构运营所需;行动必须在制度的约束下实施;行动的结果必须要有记录,便于对结果的分析和追踪;通过对记录的和行动结果的检查和评价,实施对下一次行动效果的改进和提升。根据实施的效果举一反三,提前采取预防措施改进相关工作。对产品质量问题,公司坚持做到 4 落实":产品问题原因落实;改进措施落实;改进项目责任人落实;改进时间进度落实。

目前,烟台、石家庄、大连、上海等各地子公司,均按天津集团公司的要求推行了 ISO9001 质量管理体系,使各自生产的产品质量得到了保障,得到了客户对海鸥自动机械手表及机心品牌的信任。

三、质量创新的做法与效果

天津海鸥表业是中国机械表及机心制造的领军企业。自 20 世纪 90 年代末,海鸥依靠科技兴企走出困境,开发出一批新型自动机械表,经过近十年的努力,陆续攻克世界手表"三大经典技术",结束了中国只能生产低档表的历史,具备了进军世界手表高端技术领域的基础实力。产业产品的升级,同步于标准、工艺的升级,对质量提出了新的标准,对生产制造技术、装备精度、检测手段、质量保证体系提出了更高的要求。

近几年来,海鸥励志缩短与瑞士、德国等钟表发达国家产业的差距,借助国内外资源、开展产学研合作,破解技术研发、工艺技术、产品品质和品牌发展的难题,着力提升海鸥表的质量,通过产品的"精准"体现海鸥品牌的技术优势。使海鸥机械表机心和海鸥品牌表在技术结构、走时精度、可靠性、机心精饰等方面,达到或接近瑞士同类产品水平。把提升工艺等级、提升品质等级作为技术创新和管理创新的重要内容。

推进海鸥表质量提升采取的方法,一是质量管理体系的全覆盖、持续改进;二是国际合作和产学研合作。

(一)管理方法实施的背景

20 世纪 90 年代末期,面对国内机械手表产业的风险环境和国内外手表市场的变化,海鸥经分析论证,确定自身的优势空间在于机械手表的开发制造,而不是电子表类产品。遵循产业规律、自身特点和多年机械表开发生产的积淀,走出一条生存发展的道路,保留下天津的手表产业、保留下海鸥品牌、并保留下一支结构完整的人才队伍。

机械手表制造企业集技术密集型和劳动密集型于一体。一般产品涉及材料采购、零件加工制造、机心组装和检验测试等数百个工艺环节。生产线长;产品种类繁多;每只机心有百余零件、结构复杂;精度要求高;涉及人员多。因此,有效地控制制造链上各环节的产品质量和工作质量是制造优质产品的保障。海鸥表业是专注于机械手表制造的企业,积累了多年的制表经验。公司拥有先进的生产设备、精密的检测仪器、有优秀的产品和工艺设计技术人员和经验丰富的技术工人。

在公司运营由计划经济向市场经济的转变中,市场的需求和各种资源的优化控制列入了管理日程。生产过程中,依据客户需求经常出现的设计变更、生产过程中相似零件控制、生产过程质量信息的传递、生产设备及工具装备的保障、不良品的处置、多品种材料及不同供应商质量水平的控制等问题摆在了面前。面对客户对优质机心的需求,如何保证产品质量的稳定和不断提高,如何将优良的资源整合起来追求最佳效益,也给公司提出了必须面对的问题。

手表产品的发展要依赖于主流客户的需求,在市场上提供适销、优质的产品是企业生存的必要条件。因此,产品的多品种、小批量、并行生产是今后的主要生产组织方式。

公司作为机械手表制造企业,涉及产品设计、工艺技术、原材料及元器件采购、生产管理、工装制造及设备管理,管理路径多、专业面广。在没有制度约束的情况下,易于造成各方面管理各自为政,且因领导的更替而变化,形成管理的孤岛,无法保证管理措施协调统一、高效的运行,不利于企业的持续发展。企业内的各种信息传递管理,需要通过统一的制度去约束,以保证信息传递路径的正确、通畅、可追踪。因此,需要统一的管理制度去约束企业的各项工作。

客户的投诉和生产过程中问题的处置是满足客户需求和保证高效生产运营的手段之一,及时的处置和实施效果跟踪是对产品提升质量的最好的帮助。

依据产品质量发展的定位和质量管理的需求,公司于2001年基于GB/T19001标准完善了质量管理体系;于2009年导入卓越绩效管理模式,即一步强化质量管理;2012年建立新生产制造模式试验田;2013年开始国际化合作提升工艺技术。

此公司质量管理体系的特点是:基于整体系统建立的管理制度,达到了编制的制度是机构运营所需;行动必须在制度的约束下实施;行动的结果必须要有记录,便于对结果的分析和追踪;通过对记录的和行动结果的检查和评价,实施对下一次行动效果的改进和提升。根据实施的效果举一反三,提前采取预防措施改进相关工作。

(二)管理方法综述

经过初期的导入培训、管理流程的整理、管理文件的编制、各项控制文件和现场记录报表的认真落实,实现了管理体系的顺利运行。质量管理体系贯穿公司运营的全过程,将产品质量体系和工作质量体系的标准和工作流程固化其中。

建立了从总经理、总工程师、成本副总(质量副总)到各部门负责人,以及生产一线班组的质量管理四级架构图,通过岗位职责说明书明确了各层次、各岗位质量管理职责,形成全员、全过程、全方位的质量管理。

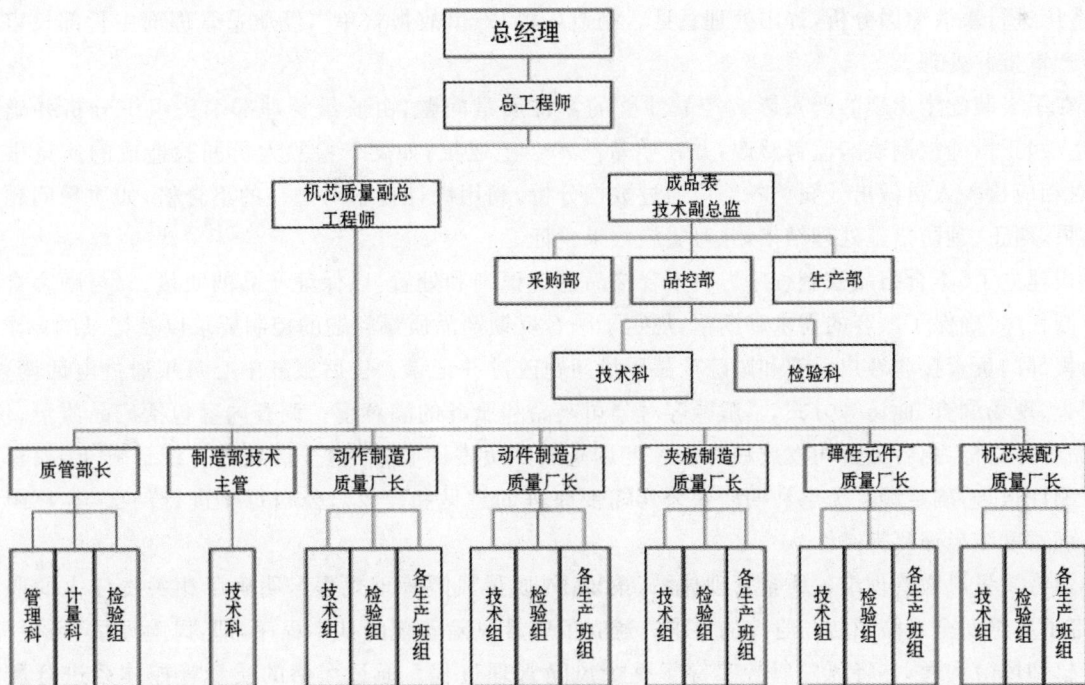

图5-9　质量管理架构图

注:("制造部技术主管"改为"技术管理部")

技术标准体系以产品质量为核心，涉及图纸及技术文件管理、生产过程检验、产品出厂检验等方面，表现为技术标准、生产工艺、检验标准、作业指导书、特种工艺等。

管理工作标准体系以各部门、各岗位的职责、工具工装管理、计量器具管理、设备管理、模具管理、现场管理等构成。

公司坚持产品质量是制造出来的而不是检验出来的理念，按 GB/T19001 标准建立了从采购、生产、检验、计量、质量信息到不合格品控制全过程的控制系统，通过人、机、料、法、环等诸要素高度集成，各个阶段环环咬合、无缝链接，持续满足顾客对产品质量的要求。

公司通过《文件控制程序》规范了产品标准、法律法规、顾客的要求及图纸标准的管理要求，明确了相关职能部门的职责，明确了定期识别、收集、更新、传递与产品相关法律法规及标准规定的质量要求，并组织贯彻执行。共识别手表专业类、成品表类、质量管理、计量检定类等 7 大类 117 个法规及规范，以此作为制定公司质量标准与要求的依据。公司主持或参与编写的国际标准、行业标准共计 19 项，居同行业前列。公司依据国家标准，制定了严于国家标准的产品质量出厂标准，产品质量均在产品使用说明书中做出质量承诺。

基于成品表消费者与机心产品消费者不同的消费特点，公司分析了产品可能存在的安全隐患，建立健全了产品的售后服务体系，明确了依法承担质量损害赔偿的责任。公司依据《GB/T29467－2012 企业质量诚信管理实施规范》编制了《质量诚信管理规范》，并将其作为质量管理体系的补充和完善。进一步明确了质量诚信负责人的主要职责和权限，规定了涉及公司产品质量的销售、采购、生产、检验、研发等过程均纳入质量诚信范围。建立健全了《质量承诺识别、分析与确认管理规定》《质量诚信策划管理规定》《质量诚信实现管理规定》以及《质量诚信检查分析管理规定》等。通过《质量诚信管理规范》的实施，促进公司全体员工树立质量诚信理念，实施质量诚信管理，实现可持续发展。

公司建立了《质量事故管理方法》，明确了事故报告流程与相应责任人的职责、质量事故等级划分标准、质量事故处理办法等。将生产过程中出现的质量事故分为三个等级。三级质量事故，由所属制造厂负责，组织事故原因分析，填报"事故报告单"，报厂总检及厂长审批处理。二级质量事故，由所属制造厂负责，组织事故原因分析，填报"事故报告单"报质管部备查。一级质量事故，由质量管理部组织技术管理部、制造厂进行事故原因分析，提出处理意见。制造厂填写"事故报告单"，经质量管理部主管部长审核后报总经理审批并处理。

对在手表装配中出现的严重影响产品性能的零件质量问题，由质量管理部牵头组织分析并确定责任，下达《纠正措施控制表》，监督整改，并在质量技术会上通报；如属于检验人员漏验造成的质量事故或问题，对相应检验人员做出处罚。各部门通过数据分析，利用统计技术对潜在的不合格，如质量问题统计分析结果，纠正、预防措施处理结果，并对实施效果验证。

公司建立了《不合格品控制程序》，对不合格品进行识别和处置，以保证产品的质量。《与顾客有关的过程控制程序》确保了顾客的需求和期望，规定了顾客反馈产品质量问题的控制要求以及记录的要求。

销售部门负责接收客户反馈和跟踪产品质量问题改进并记录。售后服务中心每年通过电话调查、互联网调查、现场调查、面访等方式，了解顾客对公司产品和服务的满意度。调查内容包括产品质量、价格、服务、品牌等指标，由各分公司发放顾客满意度调查表并负责回收，对调查信息进行统计分析，编写顾客满意度测评报告，确定顾客需求和期望及公司需要改进的意见和建议。公司每年进行一次"客户满意度调查"，满意度结果逐年提高。

公司将质量风险管理纳入质量管理体系，策划了《质量风险管理规程》，明确了相关责任人的职责权限，规定了质量安全风险预防与管控的要求。建立了质量风险管理的基本程序，即：风险评估、风险控制、风险审核和风险沟通，并将风险管控贯穿于整个风险管理过程。通过严格的质量管控体系进行风险控制，一旦发现有质量风险的问题发生，立即启动应急措施，将风险降低到可接受的程度。质量风险识别与评估范围包括与产品质量有关的原材料、研发、生产过程、产品质量检验与放行等过程。

基于公司产品特点，从研发、采购、生产、销售各环节识别潜在的质量安全风险，确立了关键风险点：

即产品所用材质,如表壳及金属表带不锈钢镍溶出含量、皮革表带中有害芳香胺染料及游离甲醛含量超标给消费者带来的伤害。

为了避免风险的发生,公司通过质量管理体系建立了采购控制程序,对采购过程予以控制。

a 明确了采购管理的质量目标;

b 规定了供应商选择评价以及采购的要求;

c 规定了原材料的接收与检验的标准。

公司将产品质量追溯纳入质量管理体系范围,在《生产和服务运作控制程序》中明确了产品标识和可追溯性要求。

(三)管理方法的实施与运行

以质量管理体系为核心,成为包括产品设计与开发、采购、生产、销售、基础设施、质量检验、人力资源、安全管理、财务管理、信息管理等全部企业管理活动遵守的标准、程序或制度。

1.产品的管理:升级形成 3A、3A+、瑞士制造标准 3 个等级

技术中心承接市场和顾客的信息,策划设计和开发活动,建立了系统的研发体系及流程。通过提出项目建议书、项目评审、设计开发任务、设计开发方案、设计开发输入、产品设计、图纸评审、样机试制、设计开发验证、样机评审、试产确认、批量生产评审、设计开发转正确认、移交技术管理部的全过程完成产品研发或改进的工作,使产品的研发、设计到投产严格按管理程序执行,避免了技术人员进行不符合市场及客户需求的设计。

实施与瑞士 STP 公司合资合作项目,在高于国家优质机芯的公司内部 3A 级标准、瑞士制造标准的基础上,采用瑞士工艺,制定升级的 3A+ 标准,借鉴瑞士生产线的模式,根据海鸥表业的特点,试验建立半自动化装配线,固化工艺流程、提高生产效率。

在具体实施方面:一是提高零件制造精度的一致性,瑞士、日本已经实现机心自动装配。海鸥参股的瑞士合资公司采用半自动装配线,组装海鸥机心,推进零件生产的一致性,以保证机心质量的稳定和效率的提高,为天津引进半自动装配线打好基础。二是稳定中端产品,作为企业产品的根本,在质量上力求达到瑞士水平,逐渐形成规模生产。三是按照瑞士标准升级高端产品,支撑海鸥品牌发展,包括 20° 倾角陀飞轮、旋转陀飞轮、三轴陀飞轮等产品,自鸣表结构,Φ30mm 三问表,按照瑞士制表工艺"十二守则"制造,高端产品 2014 年底前全面实施。四是通过国际合作,构筑国际化的创新管理体系,学习借鉴瑞士的理念、技术工艺、检验手段等。扩大与瑞士、德国、意大利国际知名专家的交流合作,在取得"瑞士制造"资格的基础上,与瑞士合资公司共同改进海鸥高端机心的工艺和装配水平。五是高标准启动新产品转产,作为转型发展的重点,力图通过这种方式,拉动海鸥整体工艺技术、内部管理水平的提升,促进质量上水平。六是引进关键设备和数字化先进检测仪器,提高整体制造水平和在线检测效果。

2.原材料质量控制

公司建立了《采购控制程序》《合格供方评定细则及方法》,通过对供方基本情况询查、对供方的考核,确立合格供方,择优选择供应商。通过对供应商提供原材物料质量的监控与改进,对采购成本、供应及时性等方面的管理,从进货检验、现场监督抽查、操作工使用 3 个方面实施全过程质量把关,不合格产品不予接受,杜绝不合格品流入生产过程。

3.生产过程质量控制

公司建立了《各加工厂重点工序控制明细》《机芯入库质量标准》《海鸥成品表质量标准》,明确了产品制造各环节质量标准,全面推进生产管理、工艺管理为一体的质量管理活动,通过生产现场的质量监控,确保人、机、料、法、环、测 6 大系统的正常运行,使得产品制造水平跃上新台阶。

4.质量检验环节质量控制

公司将质量控制前置,从生产一线到质管部门建立了多层次的质量管控系统,生产一线把住过程质量关,质量管理部把住产品终端质量关,确保了产品的质量。

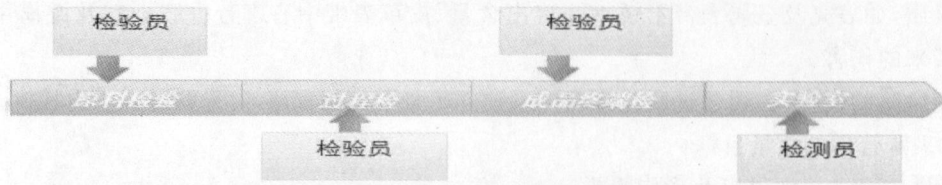

图 5—10 质量检验团队结构

公司将质量风险管理纳入质量管理体系，策划了《质量风险管理规程》，明确了相关责任人的职责权限，规定了质量安全风险预防与管控的要求。建立了质量风险管理的基本程序，即：风险评估、风险控制、风险审核和风险沟通，并将风险管控贯穿于整个风险管理过程。公司通过严格的质量管控体系进行风险控制，一旦发现有质量风险的问题发生，立即启动应急措施，将风险降低到可接受的程度。

质量风险识别与评估范围包括与产品质量有关的原材料、研发、生产过程、产品质量检验与放行等过程。

5.严格计量器具管理

公司作为建标单位，建立了检定光学仪器标准器组、千分表检定仪标准装置、配热电偶用温度仪表检定装置等13个标准，均有天津市市场和质量监督管理委员会颁发的"计量标准考核证书"2014年公司的13个计量标准通过了4年1次的计量标准复查，合格通过，保证了实时监测结果的准确性。

6.在质量控制系统上

运用PDCA管理思路，利用公司的OA系统和质量管理架构搭建了信息化平台，实时监控质量信息，及时分析和解决质量问题。

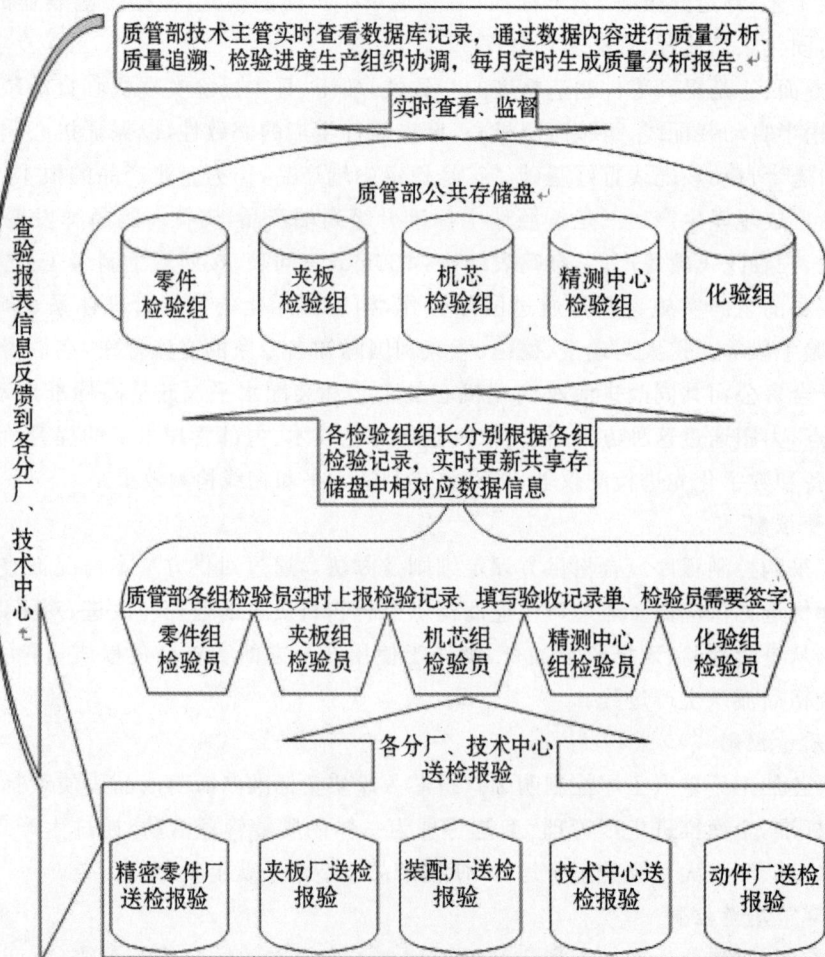

图 5—11 质量控制系统图

7.健全质量追溯体系,分步应用 ERP 软件管理

公司将产品质量追溯纳入质量管理体系范围,在《生产和服务运作控制程序》中明确了产品标识和可追溯性要求,包括:

(1)机心生产过程标识与可追溯要求:规定了原材料、元器件入库标识、各零件制造厂内部工序及出厂的零件经检验合格后标识、机芯装配厂流水线小组编号、各流水线报验表单号、自检合格包装及待验标识、不合格批退回标识等。

(2)成品表标识与可追溯要求:规定了普通成品表依据《产品编号规定》,产品型号标识在表壳底盖上,高档成品表底盖上序列号作为唯一标识,限量生产的手表均有唯一限量号。

(3)成品表销售时,由销售人员填写保修卡记录售出手表的商品型号、机心型号、保证期限、顾客信息、商店信息以及维修信息等。

2015 年正式上线运行的"ERP 管理系统",首先在海鸥品牌表实行二维码标识质量追溯。

8.建立不合格品控制机制

明确各部门、各环节对原材料、元器件、半成品、成品及交付后产品不合格的判定以及控制,明确不合格的识别和处置要求,严格控制不合格产品交付。

9.建立售后服务管理制度

公司编制《销售服务工作管理规定》《成品表售后服务工作管理规定》《手表商品修理、更换及退货条例》《海鸥表维修操作规程》《海鸥表维修、养护工期》等,明确了售后服务职责、流程与工作要求。

10.建立并完善培训体系

将培训列入质量管理系统,形成制度建立并完善培训体系,制定并实施质量培训计划,分层施教、分人施教,为公司的发展提供保证。

公司建立并不断完善公司级、部门(厂级)和车间班组三级培训体系,明确培训职责、流程、内容以及培训效果的评价要求。

人力资源部从公司战略规划、经营目标、组织架构、人力资源规划、绩效评价结果五个维度进行培训需求调查分析。依据项目必要性确定培训对象、内容、方式、完成的标准、使用的资源、费用预算等方面的培训计划;各部门依据公司培训计划制定专题培训计划;班组确定技能培训和师带徒培养规划。

培训内容设置充分考虑了分层施教、分人施教的要求,对各层次人员开展系统、定期的质量培训教育。

管理人员培训设置为外训及内训。内容包括:IE 培训、国家法规政策培训、管理理论与方法培训、基层领导者素质培训;

专业技术人员培训,包括工艺认识、计量、外语、专利知识等;

班组长培训,包括班组业务管理流程、生产管理、精益化班组管理模式、企业文化与班组建设等;

一线操作人员培训,包括装配技能、模拟机使用、摆轮游丝系统原理及工艺、机心装配与检验、自动车操作知识、刀具使用等。

11.将基础设施的管理纳入质量管理体系

基础设施包括厂房、办公楼、生产设备、检测设备、研发设备、安全环保设备、动力设备和办公设备等。

公司拥有生产设备共计 3700 余台套。其中:有研发用高精尖设备 42 台套和生产用高精尖设备 59 台套,有关键计量仪器、器具共 42 种,检验计量仪器、器具 3600 余台件。为产品的研发、生产、质量检验等提供了保证。

将基础设施管理纳入质量管理体系,为公司的生产运行提供了可靠的保证。建立了"计划保养＋故障维修"的预警和设备保障体系,确保了基础设施使用过程的完好性、可靠性、安全性。

（四）生产工艺技术和管理方法的实施效果

1. 生产工艺技术

（1）用高精度的设备保证产品质量，做精做优中高端手表机心。采用国际先进的加工设备和工艺，提升海鸥的工艺技术和制造能力，缩短加工工序，提高质量，提高生产效率，用高精度的设备来保证产品质量，代替目前用人工的低水平生产。通过设备引进和人才的培养，提升海鸥机芯产品和品牌表的市场效应，使海鸥的装备水平和产品质量逐步达到国际先进。

（2）通过产学研结合、与法国、瑞士专家的合作、推进工艺技术升级，在零件制造、机心和成品表装配方面实现工艺升级，完善工艺管理体系。

以提高夹板传动孔坐标制造精度、降低报废率、提高产品换型速度和降低操作人员数量为目标，适时引进先进的夹板制造工艺和设备，为机心制造水平的提高打好基础。

攻克手表零件生产用高精度级进模具制造技术。通过引进和技术消化实现级进模具制造技术瓶颈的突破，为提高冲压类零件制造质量铺平道路。

在机心装配工艺的改进上，以提高机心长期走时稳定性和使用可靠性作为工作目标。逐步引进点油设备，提高点油精度。引进电改锥提高螺钉扭力的保证程度、减少因人工操作中造成的螺钉表面损伤。

（3）在高精度手表游丝等关键技术上，通过国际化合作，对国内外游丝进行定性、定量分析研究，研制适用高精度等级手表的游丝材料，提高手表等时性、温度系数和防磁性能，提高产品附加值。

（4）建立三个试验田：一是瑞士合资公司试验田，生产"瑞士制造"标准的海鸥机心；二是按瑞士标准，在天津建立薄型机械自动日历表机心生产线；三是按照国际高端表制造模式，以大师工作室的方法制造高端复杂结构机械表。

（5）以博士后科研工作站为依托，搭载公司产学研合作平台，充分发挥技术优势。公司集国家级企业技术中心、博士后科研工作站优势资源，长期保持与香港中文大学、香港精艺研究所等国内外知名高校和科研机构的紧密交流合作，共同开展基础理论研究，攻克 MEMS 微细加工技术，为项目的开展提供强有力的技术支撑。2011 年 9 月海鸥博士后科研工作站正式揭牌成立，首位进站博士后研究员将 MEMS 技术在机械手表中的应用项目及产业化作为进站研究课题，同时集合香港中文大学先进的仪器设备资源及科研技术实力，深入开展硅材料机械手表精密零件的加工及产业化技术的研究工作，有效推进了项目的实施进程。

MEMS 技术在机械手表中的应用项目为天津海鸥表业集团与香港精艺工程研发所有限公司合作实施项目。在项目实施过程中，天津海鸥表业集团有限公司主要承担硅材料手表零件的应用、试验及产业化。香港精艺工程研发所有限公司主要承担微细零件加工、制作与产业拓展研究工作。

2. 管理方法

通过十多年的运行，历经 1994 版、2000 版到 2008 版，即将启动 2015 版换版工作，管理体系运行日臻成熟。公司通过管理体系的导入不仅得到了客户的信任，取得了进入国际高端市场的通行证，也助力了产品质量和管理的提升。

（1）在产品方面的效果

在管理体系成功运行的支持下，公司的产品由实施初期的 3 个系列、不到 10 个品种，发展到现在的 11 大系列、近百种产品。由生产低端机械表产品，发展为以生产高质量的中高端机械手表产品为主的企业。

在生产高质量产品的基础上，公司努力开发具有独立知识产权的机心产品，以打造中国心为己任，引领中国制表业向中国创造发展。产品在 2015 年成功进入国际顶级巴塞尔世界钟表珠宝博览会的一号馆，使海鸥表由中国制造向中国创造迈出了坚实的一步。

目前，集团公司生产体系中的烟台、石家庄、大连、上海等各子公司，均按天津公司的要求推行了 ISO9001 质量管理体系，使各自生产的产品质量得到了保障，得到了客户对海鸥自动机械手表及机心品牌的信任。

对产品质量问题,公司坚持做到四落实:产品问题原因落实、改进措施落实、改进项目责任人落实、改进时间进度落实。

(2)在管理方面的效果

公司通过《文件控制程序》规范了法律法规及标准的管理要求,明确了相关职能部门的职责,明确了定期识别、收集、更新、传递与产品相关法律法规及标准规定的质量要求,并组织贯彻执行。共识别手表专业类、成品表类、质量管理、计量检定类等 7 大类 117 个法规及规范,以此作为制定公司质量标准与要求的依据。公司依据国家标准,制定了严于国家标准的产品质量出厂标准,产品质量均在产品使用说明书中做出质量承诺。

(3)在培训方面的效果

公司建立培训效果评估机制,根据培训内容、员工个人和公司绩效对培训实行多层次的评估,即通过培训对象的反应层面、获取知识层面、行为层面、结果层面对培训效果进行评估,明确了评估的内容、评估的方法和时间等。通过及时的评估反馈,促进了培训计划、实施过程的不断改进。

公司以推进"适用人才工程"为依托,充分利用社会资源,与中德技术学校、天津现代学院等建立合作关系。制定了《公费学历培训的制度》《优秀和骨干员工硕士生送培制度》《高技能(技师、高级技师)人员的奖励制度》等,有针对性地培养、选拔与使用专业技术人员。同时采用开展"师带徒"、模块式能力实训、技术专家指导训练、评选技术能手等培养手段,支持一线人员的个人成长和技能提升,为公司培养出数量充足、技能熟练、富有潜力的适用型制表装配、操作人才。2006 年至 2014 年,公司 462 人报名参加国资委系统的"计时仪器仪表工职业技能比赛",其中 177 名参加决赛。共有 2 名晋升为高级技师,8 名晋升为技师,20 名晋升为高级工。

关键岗位员工具备相应岗位资质,均持证上岗。

(4)在售后服务方面的效果

针对产品质量的保修期,公司做出了优于国家标准的承诺,规定了售价 2000 元以下商品保修期壹年;2000 元～10000 元商品保修期 2 年;万元以上商品保修期 3 年,终身维护。

对于顾客佩戴过程中出现的走时缺陷或是外观不良的产品,公司售后维修部门及时提供维修服务。顾客如果发现有质量问题,可以凭借发票和产品说明书联系任一售后服务网点,按照《手表商品修理、更换及退货条例》给予相应处理。

对海鸥表产品出现的质量问题,通过售后服务部门的质量反馈,做到及时召回和改进。

2013 年至 2015 年未发生产品质量缺陷召回情况。

(5)在售供应商管理方面的效果

公司通过质量管理体系对合格供应商选择评价管理,对优秀供应商进行了持续的能力开发。不但对其加工的产品技术标准有明确的要求,同时,将公司对质量管理的方法及理念予以传授。通过对供应商在资金、技术、管理等资源的投入,扶持、改善管理等措施,帮助供应商改进了生产工艺,提高了产品加工水平。提高了供应商产品质量,同时为供应商提供技术支持,增强了供应商的产品竞争能力和产品的知名度。

通过采购过程的不断改进,与供应商共同提高生产技术、管理水平,共享质量改进的成果。供应商通过与公司的合作,其产品市场得到拓展,产品已远销瑞士,在同行业排名中名次逐年提高。

四、解决企业管理共性难题的经验和优秀做法

通过实施总体战略与质量战略,公司的产品质量和管理均获得了显著的成效。

通过稳步实施质量体系管理,结合企业对产品市场的定位,机心产品生产形成了完整的规模结构。企业通过对标瑞士,低端产品达到国内一流质量水平,形成"海鸥"低端市场优势。中端产品通过质量体系持续改进,以及新技术新工艺的引进消化和吸收,达到或接近瑞士同类水平,形成"海鸥"中高端市场优

势。陀飞轮系列进入量化生产。双追针码表、薄型表、硅游丝无卡度蓝宝石夹板陀飞轮表、三合一表、轨道陀飞轮表等高端产品，通过高校、研究院、企业间的产学研合作方式，攻克技术瓶颈，研发成功具有自主知识产权的核心产品，形成"海鸥"高端复杂结构市场优势。2014 年双历自动码表机心投产，标志着按照瑞士水平，高标准、高起步的拳头产品诞生。

成品表借鉴以瑞士为代表的传统经典手表、以世界服装品牌为代表的时尚手表，形成以中国传统文化元素为核心的"海鸥表"风格。在质量管理体系的严格管控下，产品创新和质量方面获得稳步提升，促进了企业品牌的发展。其中陀飞轮、问表、万年历及 3 大经典完美结合的复杂结构表已经达到国际先进水平、国内领先水平并填补国内空白。预计到 2020 年，海鸥高端复杂结构手表在走时精度、可靠性、精饰水平、创新点（新结构、新材料、新技术应用）达到"朗格表"水平。

案例三　中交第一航务工程局有限公司

一、企业简介

中交第一航务工程局有限公司创建于 1945 年 11 月 12 日，是新中国第一支筑港队伍，享有"筑港摇篮"的美誉，现隶属于中国交通建设股份有限公司，已发展成为以港口、水运、路桥、市政、房建、铁路轨道、机电设备安装施工等为一体、拥有雄厚设计施工总承包能力、行业领先的大型综合性现代化建筑企业。

企业使命：固基修道，履方致远。

企业愿景：让世界更畅通，让城市更宜居，让生活更美好。

企业核心价值观：公平、包容、务实、创新。

企业服务信条：诚信履约，用心浇注您的满意。

企业质量观：质量是企业的生命，优良的质量是员工永恒的追求。

企业市场观：正心至诚，竞合共赢。

一航信仰：干一流的，做最好的。

一航局下设 19 个子公司，30 个分公司、事业部，1 个教育培训中心，分别分布在天津、青岛、大连、秦皇岛及上海、福州、广州等地。拥有 1 项工程总承包特级资质、14 项工程总承包一级资质和 16 项专业承包一级资质，经营领域包括基础设施投资、港口、航道、船坞船台和高速公路、桥梁、机场、轨道交通、大型成套设备安装、工业民用建筑、市政工程、房地产开发等项目；至 2017 年底，公司拥有长期在岗员工 12000 多人，总资产 625 亿元，各类工程船舶 218 艘，施工机械 6382 台（套）。

多年来，一航局凭借一流的技术、装备和人才优势，先后承揽了神华黄骅港系列工程、长江口深水航道整治、京沪高铁、港珠澳大桥、深中通道等一系列国家重点工程，并承接了以毛里塔尼亚友谊港、赤道几内亚巴塔港、肯尼亚蒙内铁路、马来西亚东部沿海铁路等为代表的海外重点工程，创造了诸多国内乃至亚洲和世界水工、桥梁建设史上的"第一"、"之最"。公司累计建成码头泊位 1695 个，其中万吨级及以上泊位 938 个；建成船坞、船台 49 座；公路桥梁 1249 公里；已完工及在建铁路总里程达 733 正线公里。施工区域涉及国内 30 多个省市自治区，涉及亚洲、非洲、欧洲、大洋洲、拉丁美洲、南极洲的 30 多个国家和地区。

截至 2017 年底，公司共获得国家优质工程奖 52 项、鲁班奖 15 项、詹天佑大奖 24 项；中国市政工程金杯奖 9 项；省部级优质工程奖 207 项；国家级、省部级科技进步奖 177 项；国家专利 709 项，国家专利金奖 1 项；国家级企业管理现代化创新成果奖 7 项，彰显了公司扎实的管理基础和雄厚的综合实力。

近年来，公司还先后荣获全国文明单位、全国精神文明建设工作先进单位、全国优秀施工企业、全国安全生产优秀施工企业、全国建筑业 AAA 级信用企业、全国企业文化建设先进单位、全国模范职工之家、天津市文明企业等荣誉称号，连续多年位列天津市企业 100 强，获得首届天津质量奖，得到社会各界广泛认同。

二、实践质量管理的历程

1996年初，为了顺应当时国家推广标准化管理的趋势，一航局把贯标认证和强化质量管理紧密结合，1996年5月启动了贯彻GB/T19000－ISO9000等系列标准工作。当时公司广大职工对这项工作意义不是很理解，因为要对各类工作进行梳理，很多以前习惯性做的事情，今后都要形成制度并严格执行，某种意义上说，这是一航局全体职工在思想上面临的一场革命，在当时贯彻，确实遇到了很大的困难。但是经过全公司上下一年多的努力，1997年顺利编写完成第一版《质量手册》和《程序文件》，各单位、各部门也都建立了相应的程序文件，第一次在全体员工中全面贯彻了"系统管理"和"持续改进"的理念，并在1998年正式取得中国船级社质量认证公司组织的审核认证。结合贯标，一航局建立起一整套质量、安全和环境管理体系文件，为当时的市场投标提供了比较有力的竞争武器，也有效地提升了整体管控水平。

在1998年建立管理体系并持续运行的基础上，公司2010年初启动综合管理体系建设工作，这个体系是在原有贯标体系基础上，融合了企业文化建设、战略管理、风险管理、各项专业管理及其他基础性管理，是从狭义质量管理到广义质量管理的飞跃。到2013年底，10个独立认证单位都完成综合管理体系建设并通过外部审核，真正意义上实现了全面覆盖。同时，结合构建综合管理体系，公司先后出台分支机构管理、股权管理、投资管理、全面预算管理、全面风险管理等多个管理制度和办法，2012年出版《项目管理标准化手册》，2015年出版了新版的《双标》，这几年又把管理体系延伸到各经营分公司、直管项目部，下一步还要向项目公司延伸，实现管理体系的全面覆盖。

简要回顾一下公司管理体系演变历史，可以清楚地看到：20年来，公司管理体系建设一直是紧扣着时代的脉搏，始终紧跟建筑业的发展趋势，不断引导企业各项管理工作从传统管理模式逐渐步入标准化、规范化、程序化轨道，在企业跨越式发展和转型升级的发展历程中，为一航局夯实基础管理、提升经济效益发挥了积极作用。

三、质量创新的做法与效果

（一）重视科技创新工作，凸显科技引领作用

一航局基于几十年的港口工程建设施工经验，在港口结构、岩土工程、施工船舶、水动力等领域有较大的传统优势，在继续强化科技研发体系、工程技术持续改进体系和船机装备研发体系基础上，建立总部协调、各单位和项目部广泛参与的技术研发和保障体系。在现有技术优势的基础上，公司不断在传统领域开展技术研发工作和前瞻性研究工作，并从港口工程领域逐渐向相关领域进行技术延伸和技术储备工

作。一大批新技术和新工艺应用到项目施工中,为重大工程顺利推进提供了坚实保障,科技创新在质量管理中起到的引领作用尤为凸显。

1.强化科技创新体系建设

紧密结合重大工程建设,建立健全总部协调、各单位和项目部广泛参与的技术研发和保障体系,以重大项目、重大工艺、前沿技术为重点选题立项,总部统筹协调,各单位联合攻关,在多项技术领域取得突破。

借鉴项目经理负责制,建立研发项目课题组长负责制,强化责权利,提高科研成果质量和水平。对取得优异成果的课题负责人作为学术带头人重点培养,"十二五"期间共成立150个研发课题组,取得64项研究成果,培养10个学术带头人。

2009年,举世瞩目的港珠澳大桥工程正式开工建设,该工程为我国历史上规模最大、投资最多的跨海大桥工程,横跨两岸三地。一航局承担东西人工岛建设、水下沉管隧道浮运安装工程以及CB03标段桥梁主体的施工任务,为了完成在海中建设人工岛的任务,一航局在施工过程中大力开展技术创新,在技术创新过程中致力于规范化和标准化建设,努力提高技术创新管理的科学性和成功率,结合港珠澳大桥岛隧墩工程实际和技术创新组织机构保障体系,明确了技术研发管理流程和研发实施工作流程。

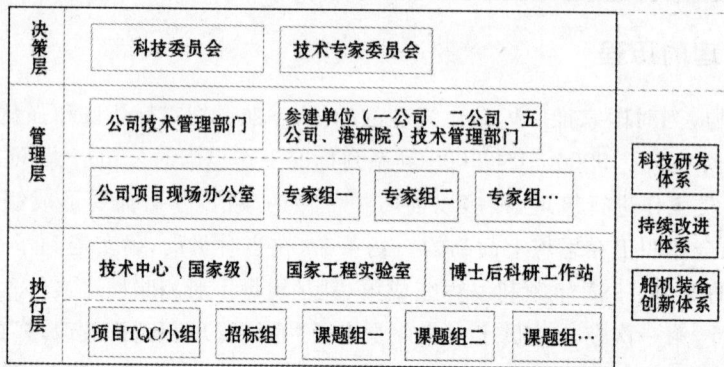

组织保障体系示意图

在港珠澳大桥施工过程中,一航局自主研发了"外海人工岛钢圆筒围护结构施工工艺及设备的开发与应用"、"港珠澳大桥工程沉管隧道暗埋段施工关键技术研究"等科技成果,圆满解决了在海中筑岛的围护结构及岛隧对接问题,外海人工岛钢圆筒围护结构施工工艺及设备的开发与应用"达到国际领先水平;为完成水下沉管隧道浮运安装施工任务,一航局自主研发了"深水碎石铺设整平船"和"港珠澳大桥工程隧道沉管定位安装施工技术"保证了沉管运输和安放的安全性和精确度;在CB03标段桥梁主体的施工中,一航局自主研发了"港珠澳大桥移动导向架沉桩及埋置式墩台干法安装施工技术"等多项新技术,保证了桥梁主体的质量。

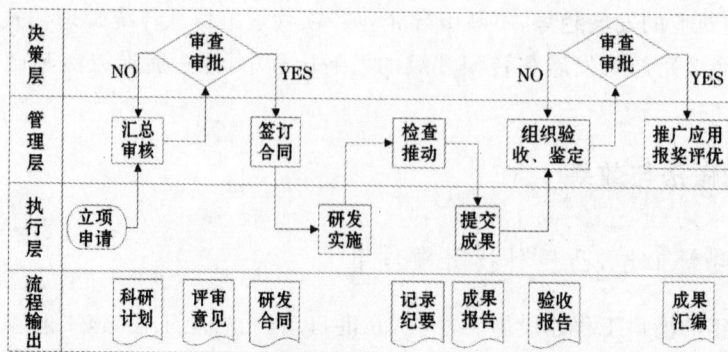

技术研发管理流程图

2.加强科技创新平台建设

强化技术中心作为科技创新平台作用,优化科技资源配置,健全组织和管理体系。以港研院为研发平台,加强交通行业港口岩土工程重点实验室和集团海岸工程水动力重点实验室建设。充分发挥黄传志工作室优势,根据土力学、土体极限平衡理论等基础性理论研究,继续对边坡稳定的三维计算方法以及土坡与地基稳定可靠度进行攻关研究。围绕项目难点和行业关键性技术难题开展技术研究和技术储备,"十二五"期间,举办项目研究成果专家评审会 30 余次,举办学术交流近百次,"大面积超软粘土地基处理技术研究"、"新吹填软土地基加固新技术开发及应用研究"等多项研究成果达到国际先进水平,"真空预压加固软土地基技术施工工法"被评为国家级工法。

以设计院和海岸带公司为依托加强设计中心建设,2012 年取得设计甲级资质。2013 年取得城乡规划编制丙级资质,同年成功进入民建、基坑支护设计新领域。2014 年通过设计资质复审,成功取得国家特种设备设计许可证(压力管道)资质证书,首次承揽消防站、加油站新领域项目。《天津临港风电装运基地项目码头一期工程可行性研究报告》获 2012 年度天津市优秀工程咨询成果一等奖。

公司技术中心创建成果丰硕。2014 年安装公司技术中心和二公司技术中心分别被认定为天津市级企业技术中心和山东省级技术中心。截至 2015 年底,公司拥有国家级技术中心 1 个,省部级技术中心3 个。

此外,公司 2011 年与交通运输部天津水运工程科学研究所共同筹建"港口水工建筑技术国家工程实验室",在地基及基础稳定性监测技术研究等港口水工技术方面开展合作。2013 年 1 月实验室正式挂牌,公司作为共建单位获颁"港口水工建筑技术国家工程实验室",该实验室是当时国家水运交通运输领域唯一的国家工程实验室,为港口水工建筑技术学产研一体化联合创新开发和应用搭建了更高平台。

国家工程实验室

3.加大科技研发资源投入

对一项工作的重视,不能仅仅停留在口头上,关键是资源投入。现在市场上几乎所有的企业都在强调科技创新,也都认同科技创新将对各个行业、整个社会乃至全世界带来巨大变化,但科技创新工作该如何开展、从哪里开始、各方面资源应该投入多少,各行各业都在进行探索和尝试。

技术研发经费投入比率逐年稳步增长,将每年研发费用由"十一五"期间占营业额 1% 以上提高到 2%以上,还通过参与国家、交通运输部和集团科研活动获取资金支持,为科研项目开发提供坚强保障。完善科研人才引进培养机制,通过招收博士生、加强技术人员培训、与高校联合培养研究生、建立博士后工作站等形式加大自主创新人才培养,积极营造有利于人才成长的企业环境。近年来,公司完善科研人才引进培养机制,通过招收博士生、加强技术人员培训、与高校联合培养研究生、建立博士后工作站等形式加大自主创新人才培养,积极营造有利于人才成长的企业环境。公司一大批高端人才和高技术人才脱颖而出,公司有两人获得"全国水运工程建造大师"称号,全国水运工程行业只有 6 人获此殊荣;6 人获"茅以升科学技术奖—建造师奖";3 人入选天津市"131 创新型人才"工程,3 名博士后顺利通过考核出站。

4.科技创新解决施工难题

按照结构调整、转型升级战略要求,广大科技工作者致力于新技术新工艺开发,坚持研发和成果转化并重,使优秀科技成果尽快转化为现实生产力,一大批新技术和新工艺应用到项目施工中,为重大工程顺利推进提供了坚实保障。

在上文提到的施工过程中,通过实施技术创新管理,取得了相当可观的经济效益。例如钢圆筒围护结构代案产生的经济效益:港珠澳大桥岛隧工程人工岛工程初步设计方案是采用抛石斜坡堤方案,该方案成岛总造价为:西人工岛 16.22 亿元、东人工岛 18.34 亿元,总造价 34.56 亿元。而采用大直径钢圆筒

港珠澳大桥施工图

围护结构代案成岛总造价为：西人工岛 12.75 亿元、东人工岛 14.78 亿元，总造价 27.53 亿元。采用大直径钢圆筒围护结构方案可比采用抛石斜坡堤围岛方案节省 7.03 亿元，同时提前工期约 1 年，所节省的船机及人工费用也非常可观。

在一航局参与的长江南京以下 12.5m 深水航道一期工程中，铺排船最恶劣作业工况为水深 35m、流速 2m/s、流向角 20°，这在国内尚属首次，当时国内现有设备均无法满足施工要求。一航局针对实际工况研发出了"长江深水航道整治恶劣工况铺排技术研究及应用"科技成果，先进的技术和装备是本课题研究的关键所在。该成果以长江南京以下 12.5m 深水航道一期工程中为依托，从深水铺排专用装备、先进的施工技术等关键工序中的难题进行攻关研究，为我国在深水航道整治工程中提供科学的借鉴依据，为一航局创造经济效益 1122 万元。经中国水运建设行业协会建定，该成果达到国际先进水平。

其他还有：潮差带地区水下真空预压技术应用于天津港码头开挖，对缩短工期、降低造价起到重要作用；大面积超软粘土地基处理技术应用于天津港临港工业区、广州港南沙港区、连云港等部分港区，有效保护生态环境，经济社会效益显著；盾构法隧道工程综合施工技术成功应用于天津地铁 3 号线施工，完成盾构施工相关技术研发与储备；借鉴内陆矮塔斜拉桥施工经验，在国内首次将矮塔斜拉桥结构应用到汕头南澳大型跨海桥梁施工中，形成一套完整的跨海矮塔斜拉桥施工关键技术；完成业内认为"不可能完成的" 45 米水深条件下某导堤监测项目，展现出公司在离岸深水监测技术方面行业领先水平；率先引进具有世界领先水平的挤密砂桩工艺及装备，成为国内唯一拥有挤密砂桩施工技术和装备的企业，并成功应用于香港机场第 3 跑道工程等等。

5.科技创新成果丰硕

技术进步奖证书

"离岸深水港建设关键技术与工程应用"项目是《国家中长期科学和技术发展规划纲要 2006－2020》优先主题和交通运输部《公路水路交通"十一五"科技发展规划》重大专项，是交通运输部最大的水运建设技术开发类项目。项目历经近十年研究，在离岸深水港安全高效总体规划与运营、海工新型结构设计与新材料、外海快速环保施工成套装备与工艺、新的土体极限分析理论与计算方法和水下原位自动化监测等 4 个方面取得突破，在国际上率先形成系统完备的离岸深水港建设核心技术，对国家扩大海洋权益维护范围，提高海洋资源开发水平意义重大。

该项目成功解决了外海恶劣自然条件下建设大型离岸深水港口的世界性难题，使中国具备了在外海建设港口和陆域基地的能力，并在世界最大矿石码头——青岛港董家口港区 40 万吨矿石码头等 20 余项国内外重大工程中应用，13 项施工技术被纳入国家和行业标准规范。该项目荣获 2013 年度国家科技进步一等奖，显示出一航局在科技创新体系建设方面走在同行业前列，标志着公司科技研发能力和水平迈上新台阶。

"十二五"期间，一航局科技成果丰硕，获奖等级和质量显著提升。获国家级科技奖励 8 项，其中国家科技进步奖 2 项,詹天佑大奖 5 项,中国专利金奖 1 项,获省部级以上科技奖励 48 项;56 项科技成果通过省部级鉴定,其中国际领先水平 6 项、国际先进水平 28 项;获专利授权 280 项,其中发明专利 64 项;形成工法 175 项,其中获国家级工法 8 项。

（二）健全综合管理体系,促进企业生产经营

1.建立健全综合管理体系

一航局管理体系建设起步于 20 世纪 90 年代,早在 1998 年,就已获得质量管理体系认证。在长期的施工实践中,不断强化质量、职业健康安全、环境管理意识,注重体现全公司先进的生产能力和技术能力的产品质量,逐步完善管理体系,确保公司质量、职业健康安全、环境管理体系得到有效实施、保持和改进,并引入实施卓越绩效模式,实行精细化过程管理。2010 年正式启动了综合管理体系建设工作,2011 年研究制定了《关于构建全公司综合管理体系实施方案》,稳步推进公司所属各单位综合管理体系建设,经过多年的实践和持续改进,建立起了具有一航局特色的综合管理体系。2012 年,为了进一步加强施工技术及工程质量基础管理,一航局对《施工技术管理标准》《工程质量监督检查管理标准》《试验、计量管理标准》进行了修订和完善,发布了新版《施工技术及工程质量管理标准汇编》。新双标的施行推动了所属各单位及项目部系统梳理和完善相应的质量管理制度、标准和流程,从管理层面进一步细化和强化质量管理工作的制度支持、资源保障,以及各级领导、职能管理部门和主办技术人员的质量责任,有效促进了质量管理工作水平的提高。

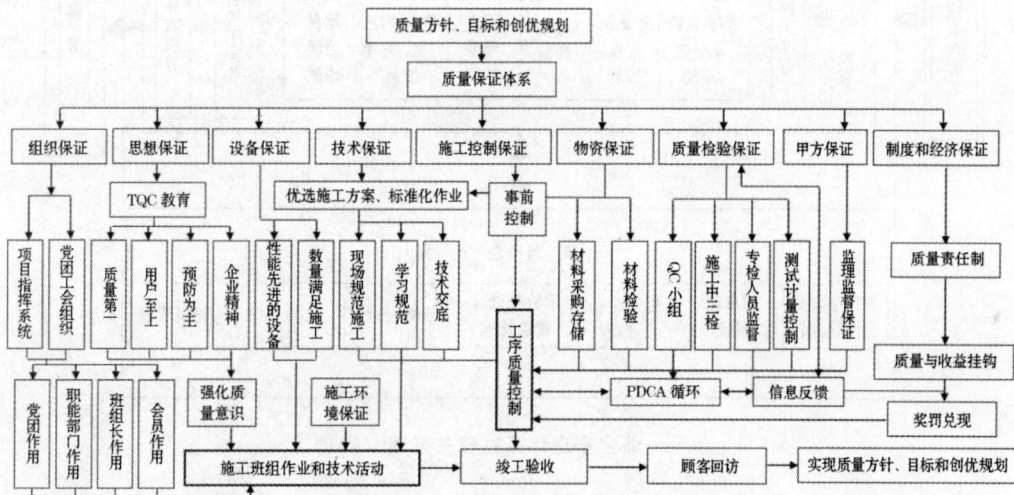

质量保证体系关联图

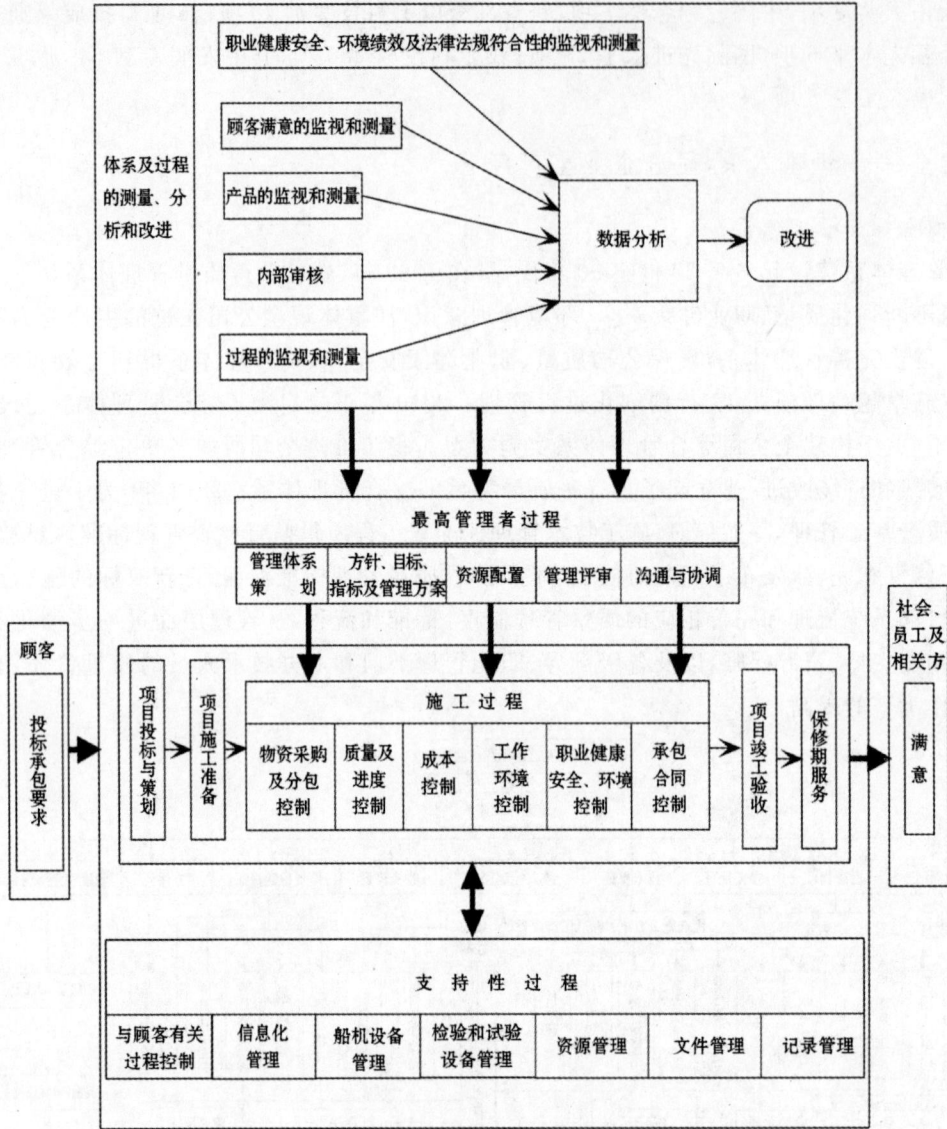

综合管理体系过程关系图

2. 众多奖项彰显企业声誉

近年来,公司主编的《水运工程地基设计规范》《水运工程地基基础施工规范》和《水运工程地基基础试验检测规范》等交通运输行业基础性规范对加快我国水运工程建设、促进行业技术进步具有重要意义。参与编写《港口水工建筑物修补加固技术规范》和《水运工程施工通则》《水工工程设计通则》分别获 2012 年度、2013 年度中国水运建设行业协会科学技术二等奖,《港口工程桩基规范》获 2014 年度中国水运建设行业协会科学技术二等奖。2015 年出版《港口工程施工手册(第二版)》中文版及英文版,为同行提供了一本全面专业的技术文献,也推动中国标准走出国门,为提高中国标准国际影响力作出公司应有贡献。

"十二五"期间,公司质量管理继续保持高水平,共获国家优质工程金奖 4 项,银奖 11 项,鲁班奖 2 项,詹天佑大奖 8 项,交通运输部水运工程质量奖 15 项,中国市政工程金杯奖 4 项,8 项工程入选改革开放 35 周年百项经典暨精品工程,形成多地多领域同时开花局面,公司知名度和美誉度进一步提升。

(三)以质量通病治理为抓手,以点带面促进质量提升

一航局将预防和治理质量通病作为质量管理的一个抓手,已经开展十余年时间,在这方面取得了瞩目的成就,项目质量管理水平持续提升,承建的项目多次获得国家级优质工程大奖。十几年里一航局积

累了很多工程质量方面宝贵的经验和方法,施工工艺不断改进、技术水平持续提高,预防和治理质量通病已经是一航局质量管理工作中一项活泼的管理内容。

1.历程回顾

长久以来,在水运工程领域存在一个观点:"工程的外观或细部质量虽然较差,但内在和整体质量是好的。"可见在当时,人们对质量通病的危害还没有深刻的认识。1996年底,我国开始发布《质量振兴纲要》,国家层面开始重视质量工作,并提出了质量兴国、质量兴企等口号,陆续颁布了相关质量法律、法规以加强质量管理。

治理水运工程质量通病,是随着水工市场进入一个复苏和迅猛增长期而提上日程的。新世纪以来,水工市场投资活跃,大批工程迅速上马,而业主对产品质量要求越来越高。交通部在质量检查中,发现全国水运工程质量整体良好的同时,质量通病普遍存在,而且在一些地区和项目比较严重。交通部基本建设质量监督总站站长李彦武指出:"质量通病的存在,轻者影响工程产品的外观和使用功能,重者将危害工程使用的安全性和耐久性,是工程质量进一步提高的主要障碍。"一航局作为国内大型传统水工施工企业,同样受到这些问题的困扰。为全面提升工程质量管理水平和产品质量,一航局于20世纪90年代末即率先提出废止落后工艺和消除施工质量通病的管理目标,并在全局强力推行,取得较好效果,此种做法也得到了交通部的高度关注和认可。为提升行业整体质量,改变粗放型管理方式,交通部决定在全国范围内开展水运工程质量通病治理活动,并于2005年选定公司施工的营口港集装箱码头54~56号泊位工程,作为全国唯一一个通病治理示范项目。

当时,在营口港施工的一航局一公司第六项目部,按照创建活动统一部署,面向全体员工掀起了"灵魂深处的革命"。项目部组织治理质量通病大讨论,以质量通病的危害、治理活动的意义、与创精品工程关系等为主题,分班组、部门进行讨论,制定治理手册和标准。经过一年多的创建,示范项目取得了圆满成功。2006年9月,交通部质监总站在营口召开全国创建治理水运工程质量通病示范项目经验交流会,宣传推广第六项目部取得的14项经验,项目部也荣获交通部质监总站"治理重力式码头质量通病示范项目"称号。这次活动的开展,极大推动了一航局的质量管理的发展,借通病治理活动,全局上下努力拼搏,集思广益,深挖细掘,强化质量管理工作,并逐渐走在了业界的前沿。2007年3月,交通部基本建设质量监督总站主编形成了《营口港创建治理水运工程质量通病示范项目经验材料》,材料收录了《营口港鲅鱼圈港区四期工程54~56号集装箱泊位防治质量通病成果综合报告》1篇,收录了包括《预制混凝土大型方块及卸荷板表面裂缝的防治》等在内的14篇分报告,较为全面的总结了示范项目在治理质量通病方面所取得的成果,具有较高的借鉴和推广价值。2009年4月,交通运输部文件,交质监发〔2009〕174号《关于印发公路水运工程混凝土质量通病治理活动实施方案的通知》,在全国范围内开展了为期两年的公路水运工程混凝土质量通病治理活动,活动针对大中型在建水运、公路工程,旨在提高混凝土结构的耐久性、安全性和可靠性,保证其在设计使用年限内的有效使用。可以说3年内针对质量通病治理的活动紧锣密鼓,充分体现了国家对工程质量的重视。随着质量通病治理活动逐渐深入人心,活动开展陆续取得明显成效,工程质量得到有效提高,2013年9月,交通运输部工程质量监督局主编、公司参编、人民交通出版社出版了《水运工程质量通病防治手册》分3篇共36个细目对水运工程各类质量通病治理的方式方法进行了系统全面的阐述,具有极高的价值。

成绩的取得和活动的深入推进,彻底改变了人们过去视质量通病为工程建设必然存在的观念,树立起质量通病可以治理的信心。同时,也使一航局清醒地认识到,治理质量通病,不仅要关注实体质量,更要改进质量管理方式和管理手段,一航局开始把质量意识提升和管理创新作为治理质量通病的根本出发点。质量通病治理活动的开展,不仅改进了工程的内在质量和观感质量,更提升了全员的质量意识和公司质量管理水平。一航局及所属各单位均将治理质量通病作为质量管理的一个强有力的抓手,并在治理过程中不断创新、总结,形成了很多值得借鉴和推广的成果。

2.通病治理所做的主要工作

(1)提高全员质量意识

一航局崇尚质量，不断追求卓越。企业有着优良且深入人心的质量文化。改革开放前，由于技术相对落后，主要是以提高工艺及技术水平来促进质量达标，公司老专家深入一线，与现场技术人员、工人一起讨论和研究质量管控和改进方案。随着工艺水平的提高和国外先进理念的引进，到了上世纪80年代，公司引入了全面质量管理理念，PDCA循环成为优秀的管理工具。20世纪90年代，公司又引入ISO9000质量管理体系，形成了质量管理的标准化流程，极大促进并支持了质量管理工作。几十年来，不管时代如何变化，一航局始终视质量为生命，坚持持续改进提升，这是几代一航人坚守的原则和不变的情怀。坚持"质量是企业的生命，优良的质量是员工永恒的追求"的质量方针和"干一流的，做最好的"的一航信仰，坚持高目标导向，攻坚克难、锐意进取。

近年来，公司结合贯彻落实国家《质量发展纲要（2011－2020）》、住建部《工程质量治理两年行动方案》和交通部《关于打造公路水运品质工程的指导意见》，大力开展质量形势教育和质量意识教育活动，进一步统一了认识、坚定了信念，增强了全员的质量风险意识、质量责任意识和质量创优意识，为有效落实各项质量管理工作创造了较好的氛围，为开展好治理质量通病活动打下了坚实的基础。

（2）严格落实质量责任制度

一航局不断完善质量责任制度和奖罚制度，全面实行了质量目标责任制和质量责任追究制度。要求各单位与项目部签订质量目标责任书，项目经理与主要管理人员签订内容具体的质量目标责任书，将人员工作分工和质量责任结合起来，明确每个人的质量责任，切实将质量管理责任分解落实，保证质量管理目标和计划实现以及质量责任可追溯。项目部至少半年对主要管理人员进行一次考核，并根据考核结果进行奖罚。

（3）积极开展通病治理活动

一航局始终高度重视工程施工质量通病预防与治理工作，积极开展预防和治理质量通病活动。近十年的《工程质量管理工作计划》，每年的工作计划中都明确提出要持续不断地开展预防与治理工程质量通病活动，要求将质量通病治理活动作为日常检查的重点，要求项目部在每年年初应编制预防和治理质量通病工作计划，并按计划开展通病治理活动，年底或通病活动结束要进行总结和评价，按照PDCA循环不断改进，杜绝危及工程结构安全和耐久性的质量通病，最大限度地减少影响工程观感质量的质量通病。

大力开展质量通病专项治理活动，陆续开展的专项通病内容包括"混凝土原材料混仓混垛专项治理"、"钢筋保护层垫块质量专项治理"（在此基础上发布了《钢筋混凝土保护层垫块质量控制办法》）、"废止、禁止工艺专项治理""直螺纹钢筋连接质量专项治理""高桩码头梁板安装座浆饱满度专项治理"等，通过这些管理行为，在全公司范围内陆续消除了混凝土原材料混仓混垛行为、保护层垫块质量不合格现象、直螺纹钢筋连接质量不佳、梁板安装座浆不饱满以及使用废止落后工艺的现象，特别是废止、推行工艺的实施，大大激发起各基层单位技术创新、革新和技改改革工作的热情，在高桩码头等各个施工领域陆续涌现出了一大批运用成熟经济适用并对克服和治理质量通病效果明显的工艺和做法，大大提升了公司的总体质量管理水平。

同时，为了更好推介先进的施工工艺和防治质量通病经验成果，公司坚持每年举办2～3次施工技术质量现场交流会，内容涵盖水工、路桥、铁路等多个领域，并出版会议论文集。十几年来，一航局先后召开高铁箱梁施工、船闸施工、隧道施工、船坞施工、跨海桥梁施工、大型预制桥墩柱施工和高原高寒地区高速公路施工等现场质量和技术交流会20多次，开展了预制沉箱竞赛、小型预制构件竞赛和工地试验室竞赛等活动，促进了各单位间的互相学习、共同提高。

（4）加强监督检查保障落实

为了更好监督和指导项目质量管理工作，及时发现问题、解决问题，一航局多年来坚持开展对项目的监督检查活动，除了每年固定的春季质量安全检查和年底综合检查，为进一步加强了工程质量监督检查力度，增加了综合督导检查和优质工程复查等。受检项目多、覆盖全（包括海外项目）、重点突出，检查内容针对性强，深度也有所增加。在历次检查过程中预防和治理质量通病活动的开展情况均是检查的重点，极大促进了项目治理质量通病水平的提升。

一航局所属各单位也纷纷开展形式各样的监督检查工作。如一公司于 2008 年正式成立安全质量联合督查组,对天津港和周边地区进行月度督查,对外地进行季度督查,督查组将质量通病治理落实情况作为检查的重要内容之一,并作为项目质量管理的重要评价内容之一进行月度考评,奖优罚劣。同时,历年检查以来,我公司依据公司相关文件,在每年的督查中均选定一项质量通病重点,将其作为质量考评红线进行专项治理,一票否决,一旦跨越,即便其余方面做的再好,也会被列为较差行列。

(5)做好标准化和规范化工作

为在不断的冲刺与突破中寻求强有力的支撑,一航局从细节入手,十年如一日地严格质量要求,力求使其规范化、标准化。先后编制了《预制构件标准图集》《预制构件标识标准》,并根据施工范围和内容不断扩大的实际情况,完善规章制度。公司陆续编制了《质量通病防治手册》《施工技术及工程质量管理标准汇编》,推进质量管理制度化和标准化。鉴于试验检测和测量在质量控制中的重要性和存在的问题,自 2012 年起,公司组织编写《试验检测系统现状及发展报告》和《工程测量系统现状与发展报告》白皮书,编辑《水运工程主要检测参数试验教程》视频教材。工艺的创新、标准化的制定、体系的完善,为公司工程创优奠定了基础。在工程质量方面,一航局要求各项工程都应追求优良品质;对于具备条件的工程要以争创优质工程为目标,其中影响较大的更要以争创国家优质工程为目标。

此外,一航局先后参与编制了交通运输部《水运工程质量通病防治手册》《预制沉箱标准工艺》、中国交建《中国交建水运工程质量通病治理手册》和《港口工程质量通病预防治理指南》,进一步提升了一航局在行业预防和治理施工质量通病中的地位。除传统的水工领域外,一航局所属各单位对公路、铁路、房建、市政、机场、安装等工程领域的质量通病治理成果进行了编辑整理,形成质量通病治理成果库。

四、可供借鉴和推广的经验

(一)重视策划是做好通病治理的重要前提

由于工程建设具有一次性、唯一性的特点,十几年来,我们认识到提前策划是做好质量通病工作的重要前提,因此在工程开工前,均要求项目部根据工程特点认真做好通病治理工作的策划工作。一是在大临建设要体现针对本工程的质量通病治理的措施规划;二是在施工组织管理模式和项目管理制度上要体现关于通病治理措施落实的途径是否通畅,上传能否真正下达,措施能否落实到位;三是对于适用的已有通病治理成果要在施工工艺制定过程中进行采用,即在工艺确定时要将已有通病治理成果的工艺要求体现出来;四是针对工程实际,从全部工序进行分析质量通病产生的可能,并在新制定的工艺要求中体现出针对质量通病治理所应采取的措施,并制定治理课题,设定责任人、落实时限进行落实,并最终形成成果。

(二)做好治理过程中的培训工作

通病治理涉及到工程各个方面,只有大家都给予重视并能将治理措施进行落实才能取得较好的治理效果,因此治理质量通病必须搞好质量意识、业务知识和技能的培训工作。每年年末年初,公司质量专家对各基层单位进行专项培训,并建立了常态化制度,内容涉及规范、标准的落实和更新宣贯、通病治理实例展示、公司范围内创新工艺的推广等内容。这一制度实现了公司范围内的优秀资源共享,在增加质量管理人员业务知识的前提下,进一步拓宽了优秀治理成果的应用范围。各项目部一般通过质量专题会、规范标准培训会、月度技术技能考核以及技术比武的形式来推进各层级业务知识和技能的培训工作,进而促进质量通病治理工作的覆盖层面,提高人员质量意识。同时要求做好技术交底工作,在做好常规技术交底的基础上,一般增加企业要求(涉及通病治理的一些具体举措和质量标准),部分项目部采用质量交底的形式来达到这一目的。通过此类培训,使知者明智,不知者明意,使管理者意图下达,便于操作者实际贯彻,这也从一定程度上保证了质量通病治理各项举措得以顺利实施。

参考文献

[1]　沈烽,彭凯. 日本戴明奖的评价标准及评价方法[J]. 中国质量技术监督,2013.

[2]　论加强全面质量管理提升企业竞争力. 国研网,2016.

[3]　习近平. 党的十九大报告学习辅导百问[M]. 北京:党建读物出版社,2017.

[4]　王为人,曲扬. 走向绩效卓越:美国波多里奇国家质量奖启示录[M]. 北京:北京计量出版社,2008.

[5]　韩耀彬.《卓越绩效评价准则》内部评审培训教程[M]. 北京:中国质检出版社,2013.

[6]　中国质量协会,卓越国际质量科学研究院. 卓越绩效评价准则实务[M]. 北京:中国质检出版社,2012.

[7]　张兵. 政府质量奖的定义及要点[J]. 中国质量技术监督,2012.

[8]　上海市政府质量奖审定委员会办公室. 上海市政府质量奖经验交流集[M]. 上海:上海社会科学院出版社,2011.

[9]　特伦·斯迪尔,艾伦·肯尼迪. 企业文化——企业生活中的礼仪与仪式[M]. 李原,孙健敏,译. 北京:中国人民大学出版社,2008.

[10]　M·J·爱因斯坦,K·O·汉森. 公司治理[M]. 聂佃忠,张悦等,译. 北京:北京大学出版社,2014.

[11]　斯图尔特·克雷纳,戴斯·狄洛夫. 领导力的本质[M]. 葛志宏,孟丽,译. 北京:中国人民大学出版社,2017.

[12]　弗雷德·R大卫. 战略管理(第11版)[M]. 李青,译. 北京:清华大学出版社,2008.

[13]　安索夫. 战略管理[M]. 邵冲,译. 北京:机械工业出版社,2010.

[14]　詹姆斯·R·埃文斯,威廉·M·林赛. 质量管理与质量控制[M]. 焦叔斌,译. 北京:中国人民大学出版社,2011.

[15]　马克·贝特. 品牌的本质[M]. 李桂华等,译. 北京:济管理出版社,2015.

[16]　艾里斯,劳拉里斯. 品牌起源[M]. 寿雯,译. 北京:机械工业出版社,2013.

[17]　克里斯托·弗布曼,迈克尔·夏德,王煦逸. 品牌管理[M]. 上海:上海财经大学出版社,2017.

[18]　吉尔里·A·拉姆勒,艾伦·P·布拉奇. 流程圣经——管理组织空白地带[M]. 王翔,杜颖,译. 北京:东方出版社,2014.

[19]　阿肖克贾·夏帕拉. 知识管理——一种集成方法[M]. 安小米,译. 北京:中国人民大学出版社,2013.

[20]　菲利普·科特勒,凯文·莱恩·凯勒. 营销管理(第13版)[M]. 王永贵等,译. 上海:上海人民出版社,2009.

[21]　阿曼德. 创新管理[M]. 北京:中国人民大学出版社,2014.

[22]　克里斯托弗·韦斯特兰. 全球创新管理——一种战略方法[M]. 宋伟等,译. 合肥:中国科学技术大学出版社,2017.

[23]　罗伯特·卡普兰,戴维·诺顿. 平衡计分卡战略实践[M]. 上海博意门咨询有限公司,译. 北京:中国人民大学出版社,2010.